FACULTÉ DE DROIT DE PARIS.

DE L'ACTION PAULIENNE

OU RÉVOCATOIRE.

THÈSE

POUR LE DOCTORAT

PRÉSENTÉE

PAR

Gustave DUFRESNE,

Né à Lille (Nord),

AVOCAT A LA COUR IMPÉRIALE DE PARIS.

PARIS

IMPRIMÉ PAR E. THUNOT ET Cⁱᵉ,

RUE RACINE, 26, PRÈS DE L'ODÉON.

1857

FACULTÉ DE DROIT DE PARIS.

THÈSE
POUR LE DOCTORAT.

L'ACTE PUBLIC SUR LES MATIÈRES CI-APRÈS SERA SOUTENU

le **10 décembre 1857**, à **1 heure,**

PAR

GUSTAVE DUFRESNE,

Né à Lille (Nord),

AVOCAT A LA COUR IMPÉRIALE DE PARIS.

PRÉSIDENT : M. ORTOLAN, *professeur,*

SUFFRAGANTS :
MM. PELLAT,
OUDOT, *professeurs.*
COLMET DE SANTERRE,
DEMANGEAT, *suppléants.*

Le candidat répondra, en outre, aux questions qui lui seront faites
sur les autres matières de l'enseignement.

PARIS.

IMPRIMÉ PAR E. THUNOT ET Cie,

RUE RACINE, 26, PRÈS DE L'ODÉON.

—

1857

A MON PÈRE, A MA MÈRE.

DE

L'ACTION PAULIENNE

OU RÉVOCATOIRE.

NOTIONS PRÉLIMINAIRES.

1. Les moyens de contraindre un débiteur à l'exécution de ses obligations ont varié avec les mœurs et les législations. Sous le droit primitif et sévère de l'ancienne Rome, la personne du débiteur semble avoir été le seul gage de ses créanciers. L'accomplissement des formalités de la *manus injectio* leur donnait, sur la liberté et sur la vie même de leur obligé, les droits les plus étendus et les plus barbares. Mais la civilisation fait des progrès; les préteurs et les prudents tiennent compte des besoins nouveaux qu'elle amène. La philosophie grecque prend racine à Rome, et son influence se fait sentir sur la législation. Le sentiment de la valeur humaine, mieux compris, fait pénétrer dans les lois les idées d'humanité. Aussi les droits du créancier sur la personne du débiteur disparaissent peu à peu; désormais les biens de ce dernier répondront seuls pour lui; le créancier ne pourra plus disposer de sa personne il ne pourra que s'emparer de ses biens ; là sera sa garantie. C'est cette idée que nos coutumes exprimaient en une phrase concise : « Qui s'oblige, oblige le sien, » idée qui a été reproduite sous une forme nouvelle, mais équivalente, dans l'art. 2093 de notre Code : « Les biens d'un débiteur sont le gage commun de ses créanciers. » Toutefois, ce gage général, établi pour la garantie des créances, n'affecte point la capacité juridique du débiteur, et ne semble pas même porter atteinte à ses pouvoirs de libre administration. La volonté présumée des créanciers, qui n'ont point exigé de sûretés particulières, maintient l'obligé à la tête de son patrimoine, et les soumet à reconnaître dans la mesure la plus étendue tous les actes de son administration. On exprime cette idée en disant que le débiteur représente ses créanciers, ce qui est vrai, d'une manière rigoureuse, à l'égard de tous ceux qui ont suivi sa foi sans restriction et sans réserve, et n'ont pas acquis sur des biens particulièrement désignés un droit spécial, indépendant du débiteur, placé en dehors de ses atteintes. Les créanciers se condamnent alors à subir les conséquences, quelquefois désastreuses, d'une confiance imprévoyante dont ils porteront la peine auprès des tiers, qui, à une date plus récente, se sont mis en relation de droit avec leur obligé.

Toutefois cette présomption, fondée sur la volonté des parties, ne doit pas dépasser les limites d'une interprétation raisonnable. Il est impossible de supposer que les créanciers ont consenti à s'abandonner sans réserve au caprice de leur débiteur, et à ratifier tous les actes que peuvent lui inspirer la malice et la mauvaise foi. Le législateur vint donc à leur secours. Puisqu'il traitait le débiteur en mandataire, il considéra les créanciers comme de véritables mandants, et leur donna les pouvoirs qu'a le maître, lorsque celui qu'il a chargé de ses affaires néglige de les gérer ou bien dépasse ses pouvoirs. C'est ainsi que les créanciers ont :

1° La faculté d'exercer, avec certaines formalités, tous les droits et actions de leur débiteur, sauf ceux qui sont exclusivement attachés à sa personne (1);

2° Le pouvoir d'attaquer, en leur nom personnel, les actes faits par le débiteur en fraude de leurs droits. Cette faculté s'exerçait, en droit romain, au moyen d'une action nommée action Paulienne, en souvenir du préteur qui le premier l'avait introduite. Ce nom lui est resté dans notre droit.

2. Nous nous proposons d'exposer ici la nature, les conditions et les effets de cette dernière action.

Elle a son origine dans le droit romain; elle se fait remarquer au milieu de ce grand nombre de théories ingénieuses et progressives qui doivent leur origine à l'édit du préteur et leur perfectionnement aux travaux de ces jurisconsultes de l'ère classique, sous l'influence desquels le droit le plus rigoureux et le plus formaliste devint cet ensemble de décisions que l'on a, à bon droit, appelé raison écrite. Ces décisions des jurisconsultes romains se retrouvent aux Institutes, au Digeste et au Code (2).

3° Un principe qui comme celui de l'action Paulienne fortifiait, par une sanction nouvelle, la foi due aux engagements, devait être et a été admis dans notre légis-

____

(1) Art. 1166, C. Nap.
(2) Inst., liv. I, t. VI, §§ 2, 3, 4; liv. IV, t. VI, § 6; Dig., liv. XLII, t. VIII; C., liv. VII, t. LXXV.

lation. Combattre la fraude partout où elle se présente, lui enlever tous les moyens sous lesquels elle sait habilement se produire, en arrêter les effets toutes les fois qu'elle a été mise en œuvre : tel a été le but que les rédacteurs de nos lois ont toujours poursuivi. C'est ce qui a amené les dispositions de nos Codes sur la preuve testimoniale, sur les actes sous seing privé (1), sur la publicité du système hypothécaire ; c'est ce qui devait faire reconnaître, sans contestation, le principe de l'action Paulienne en droit français.

Ce principe est en effet écrit dans l'art. 1167 du Code Nap. Mais sur toutes les règles de son application les rédacteurs sont restés muets. Ils ont bien dans les art. 622, 788, 882, 1053, 1464, 2225 du Code Nap., 446 à 449 du Code de com., donné quelques solutions sur des cas particuliers ; mais, outre qu'il n'y a pas l'ensemble de règles désirable sur une matière de cette importance, quelques-unes de ces dispositions présentent entre elles des contradictions qui rendent plus difficile encore la tâche des commentateurs. Sur les conditions générales d'admissibilité de l'action, sur sa nature, ses effets, sa durée, sur la plus ou moins grande facilité de prouver la fraude suivant la nature des actes attaqués, nos législateurs n'ont rien ou presque rien édicté.

Ce laconisme regrettable doit peut-être s'expliquer en ce qu'imbus de la législation romaine sur cette matière, les rédacteurs du Code se sont contentés de poser le principe, voulant s'en référer aux décisions du droit romain qui en règlent l'application, et laissant à la doc-

---

(1) Art. 1328, 1341, C. Nap.

trine le soin de rechercher lesquelles de ces décisions peuvent s'accorder avec notre législation. Ce système a le défaut d'amener presque toujours une série de controverses que nous retrouvons dans notre sujet. Toutefois, il nous indique la marche que nous devons suivre. Nous nous occuperons d'abord des règles de l'action Paulienne en droit romain ; nous verrons ensuite les changements qu'elles ont subis en passant dans notre ancienne jurisprudence et de là dans notre droit actuel.

4. Nous examinerons successivement, en droit romain, les divers modes de révocation des actes frauduleux et la nature de l'action Paulienne, les actes qui tombent sous son application, les conditions auxquelles elle est soumise, les personnes à qui et contre qui elle est donnée, les effets et la durée qu'elle peut avoir.

Nous verrons ensuite ce qu'elle est devenue dans notre ancien droit ; puis nous en rechercherons les règles sous nos codes en suivant le plan que nous avons adopté pour le droit romain.

DROIT ROMAIN.

SECTION PREMIÈRE.

DES DIVERS MODES DE RÉVOCATION DES ACTES FRAUDULEUX ET DE LA NATURE DE L'ACTION PAULIENNE.

5. Pendant longtemps, l'action Paulienne ne fut pas nécessaire, parce que, comme nous l'avons dit, les créanciers ne pouvaient exercer leurs droits que sur la personne du débiteur. En effet, sous le système des actions de la loi, nous ne voyons que deux modes d'exécution des jugements, la *manus injectio* et la *pignoris capio*. La *manus injectio* était une action spéciale dont on ne pouvait faire usage que dans les cas déterminés par la loi. On en distinguait trois espèces, *judicati, pro judicato, pura.*

La *manus injectio* était de droit commun, la *pignoris capio* tout à fait exceptionnelle. Par une transformation dont on ne retrouve pas bien la trace, le droit prétorien fit de l'exception la règle, et les voies d'exécution se pratiquèrent d'abord sur les biens et subsidiairement seulement sur la personne du débiteur. C'est pour consacrer ce changement que les préteurs créèrent la *missio in possessionem* qui mettait les créanciers en possession du patrimoine entier de leur débiteur, et leur permettait de le vendre, en accomplissant certaines formalités pour se payer sur le prix de vente.

Sous le système formulaire, cette vente se faisait en masse à une seul acheteur; après l'introduction des *judicia extraordinaria*, elle put se faire en détail, mais après un certain délai. Entre l'envoi en possession et le jour de la vente, les biens étaient administrés par un curateur, une espèce de syndic qui était désigné par le magistrat avec l'assentiment des créanciers. Si le prix de la vente ne suffisait pas à désintéresser les créanciers, c'était ce curateur qui était chargé de faire rentrer dans leur gage les choses qui en avaient été distraites par la fraude et la mauvaise foi, de faire prononcer la révocation des actes frauduleux.

6. Les textes mentionnent quatre moyens de recours contre ces actes; ce sont :

1° La loi Ælia Sentia ayant trait aux affranchissements (1) ;

2° Une action Paulienne réelle donnée contre les aliénations frauduleuses (2) ;

3° Une action Paulienne personnelle *in factum* plus générale, s'appliquant à toute espèce d'acte fait en fraude des créanciers (3) ;

4° Un interdit fraudatoire, pour faire rendre aux créanciers la possession des choses aliénées (4).

Ces quatre voies de retour contre les actes frauduleux ont-elles toujours coexisté? Quelle est l'étendue d'application de chacune? La seconde et la troisième surtout

(1) Inst., liv. I, t. VI. pr., §§ 1, 2, 3,
(2) Inst. liv. IV, t. VI, § 6.
(3) Dig., liv. XLII, t. VIII; — C., liv. VII, t. LXXV; — L. 38, § 4, De usuris, D.
(4) L. 10, pr., N. T., Dig.

font-elles double emploi? Y a-t-il deux actions Pauliennes, ou, s'il n'y en a qu'une, quelle est sa nature?
Ce sont là des questions qui ont vivement divisé les commentateurs.

Disons d'abord quelques mots de la loi Ælia Sentia et
de l'interdit fraudatoire; l'examen plus approfondi des
deux autres moyens d'attaque contre les actes frauduleux
nous amènera à rechercher la nature de l'action Paulienne.

7. Portée sous Auguste l'an 757 de la fondation de
Rome (5 de J.-C.), la loi Ælia Sentia restreignait la liberté d'affranchir, et, entre autres dispositions, décidait
que l'affranchissement fait en fraude des droits des créanciers serait regardé comme nul. Que devait-on entendre
ici par fraude? Pour qu'un affranchissement ait lieu en
fraude des créanciers, il faut que le maître affranchisse
avec le dessein de frustrer ses créanciers; il faut de plus
qu'il en résulte pour ces derniers un réel préjudice; il
faut, en d'autres termes, qu'il y ait *consilium* et *eventus*.

Cette théorie, exposée tout au long dans les Institutes,
que Théophile dans sa paraphrase explique par plusieurs
exemples, ne paraît pas, d'après le texte même des Institutes, avoir été tout d'abord admise, et c'est cette controverse qui explique la contradiction de certains textes
qui se trouvent au Digeste. C'est ainsi que Julien (1) dit
formellement que, pour qu'un affranchissement ait lieu
en fraude des créanciers, il faut le concours du *consilium*
et de l'*eventus*, tandis que Gaïus (2), pour qu'il y ait
fraude, exige la simple insolvabilité du débiteur affran-

(1) Liv. XLII, t. VIII, L. 15, Dig.
(2) 40, 9, 10, Dig.

chissant; la controverse est au reste indiquée par Gaïus (1) lui-même.

Quoi qu'il en soit, la question fut plus tard tranchée, et l'opinion de ceux qui exigèrent la réunion du préjudice causé et de l'intention de le causer triompha complétement.

Du reste, la loi Ælia Sentia admettait, comme exception, l'affranchissement fait par le débiteur insolvable dans le but de se procurer un héritier nécessaire, sous le nom duquel devaient être vendus les biens du défunt. Cette exception était particulière à la loi Ælia Sentia; elle cessait de produire son effet lorsqu'une autre cause que l'insolvabilité du testateur s'opposait à l'affranchissement de l'héritier institué. En outre, même dans ce cas, elle était appliquée rigoureusement; ainsi l'esclave, institué héritier par l'insolvable, fût-il mis par le testateur en premier ordre, était toujours considéré comme institué en dernier ordre; en sorte qu'il n'arrivait jamais à l'hérédité qu'à défaut de tout autre héritier testamentaire. Si plusieurs esclaves étaient institués par l'insolvable, l'affranchissement et l'institution du premier étaient seuls valables; s'ils étaient deux du même nom, et qu'il fût impossible de distinguer celui que le testateur avait mis au premier rang, le testament restait sans effet.

8. Telles étaient les dispositions de la loi Ælia Sentia. Il est probable que cette intervention du droit civil, dans une matière toute d'équité, dut servir de point de départ au préteur Paul pour poser les bases de l'action qui reçut son nom. Puis, comme toutes les innovations pré-

(1) 40, 4, 57, Dig.

toriennes, cette action devint l'objet des études des grands jurisconsultes de l'époque classique, qui en développèrent l'application et créèrent la théorie dans tous ses détails.

9. L'interdit fraudatoire (1), donné dans les mêmes cas et aux mêmes conditions que l'action Paulienne, servait à faire rendre aux créanciers la possession des choses frauduleusement aliénées. On ne connaît pas bien le but particulier qu'avait eu le préteur en créant cet interdit, ni les différences qui le distinguaient de l'action Paulienne.

On peut toutefois en signaler une au point de vue des fruits. Quand les créanciers agissaient par l'interdit fraudatoire, ils n'obtenaient pas les fruits du temps intermédiaire : *In interdictis exinde ratio habetur fructuum ex quo edita sunt, non retro* (L. 3, *De interd.*).

10. Nous arrivons maintenant à l'examen de l'action plus générale dont il est question aux Institutes et au Digeste. Si nous examinons l'action Paulienne d'après les textes qui s'y rapportent, nous trouvons qu'elle semble se présenter à nous avec deux caractères différents :

Les Institutes de Justinien : *Dé actionibus*, disent formellement : *Si quis in fraudem creditorum rem suam alicui tradiderit, bonis ejus a creditoribus, ex sententia præsidis possessis, permittitur ipsis creditoribus, rescissa traditione, eam rem petere, id est dicere, eam rem traditam non esse, et ob id in bonis debitoris mansisse.*

Il est impossible de méconnaître là les caractères d'une action réelle. d'un autre côté, le Digeste, dans les lois qui se rapportent à l'action Paulienne, nous la présente comme

______

(1) L. 10, pr., Quæ in fraudem.

une action *in factum* personnelle et arbitraire. Sur cette divergence de textes, les interprètes du droit romain ont émis des opinions bien différentes.

11. Vinnius, dans son Commentaire des Institutes, frappé du caractère personnel que le Digeste reconnaît à l'action Paulienne, fait de l'action dont il est parlé aux Institutes une action personnelle qui, selon lui, est la même action Paulienne que celle du Digeste.

Ce serait par négligence qu'elle se trouverait classée parmi les actions réelles prétoriennes. *In* (1) *rem eam non esse primum ex eo evincitur quod creditores non vindicunt aut intendunt rem suam esse, ut in actionibus superioribus. Sed aiunt rem in bonis debitoris mansisse quorum possessio eis data est.*

L'argumentation de Vinnius nous paraît une pure subtilité. Il faut reconnaître que c'est une action réelle dont parle Justinien.

12. Donneau (2) et Voët (3) prétendent que le § 6 *De actionibus* ne s'occupe nullement de l'action Paulienne. Suivant eux, l'action donnée par ce texte des Institutes est une action hypothécaire servant à garantir aux créanciers la conservation du gage prétorien qui leur a été constitué par la *missio in possessionem.* Si cela est, pourquoi donc le texte exige-t-il l'existence de la fraude? pourquoi établit-il une fiction en vertu de laquelle les biens aliénés seront censés être toujours restés dans le patrimoine du débiteur? Le créancier hypothécaire n'a ni condition à subir, ni fiction à invoquer; il s'est réservé un droit réel sur la chose hypothéquée, droit qui la suit

(1) Vinnius, Commentaire des Inst., IV, 6, 6.
(2) Sur le § 6, De act., vol. VI, p. 662.
(3) Voët, ad Pand, n. tit., n° 12.

partout où elle va et qu'il invoque sans avoir besoin de s'abriter derrière la personne du débiteur. En outre, si on adoptait l'opinion de Donneau et de Voët, il faudrait reconnaître une action hypothécaire qui ne serait ni la servienne ni la quasi-servienne, qui se serait cachée dans un texte obscur des Institutes et dont aucune mention n'existerait au Digeste. Enfin, il faudrait se mettre en contradiction formelle avec le texte très-clair et très-explicite de Théophile.

13. Si la doctrine de la personnalité de l'action Paulienne est difficile à soutenir devant le texte des Institutes, celle qui consiste à en faire toujours une action *in rem* est inadmissible en face des nombreux textes du Digeste. Un seul exemple suffira pour le prouver. L'action réelle peut atteindre les aliénations de droits réels, mais elle ne peut faire revivre des droits personnels éteints par une acceptilation frauduleuse. C'est cependant un des effets de l'action Paulienne (1); donc cette action doit nécessairement, dans certains cas, être personnelle.

14. Il faut donc reconnaître qu'il y avait en droit romain deux actions Pauliennes : l'une réelle, l'autre personnelle. Mais dans quel ordre ont-elles été créées? Laquelle des deux a précédé l'autre? C'est une question purement historique sur laquelle les conjectures des auteurs ont varié.

Quelques-uns (2) pensent que l'action, d'abord personnelle de sa nature, ne se transforma en action réelle que dans quelques cas exceptionnels. Ils se fondent sur la répugnance des jurisconsultes romains, avant Ulpien,

____

(1) L. 17, pr., N. T.

(2) MM. Bonjean, Traité des act., t. II, § 284-1°; Capmas, Révoc. des actes, p. 44 et 72.

à admettre des propriétés résolubles, et par conséquent des actions rescisoires et résolutoires.

Il est vrai qu'en effet le droit civil romain, qui ne voyait que des actes tout à fait valables ou tout à fait inexistants, n'adopta que très-tard la doctrine de la propriété résoluble; mais il s'agit ici, non de résolution, mais de rescision, et toute action rescisoire était du domaine équitable des préteurs, qui admirent très-vite des rescisions fondées sur des fictions. On en a une preuve dans l'action Publicienne du § 5 des Institutes, et si, bien avant Ulpien, on admettait une revendication *rescissa usucapione*, pourquoi ne pas reconnaître qu'en même temps on pouvait donner une action réelle *rescissa traditione?*

On invoque aussi le silence de Gaïus dans le commentaire de ses Institutes (1).

Il est vrai qu'après avoir parlé de l'action Publicienne, il ne dit rien de l'action Paulienne réelle; mais il ne fait dans ce passage que donner des exemples d'actions fictices, sans les énumérer toutes.

15. Nous pensons donc que l'action Paulienne, d'abord réelle, prit plus tard, en s'étendant, le caractère d'action personnelle (2).

Les préteurs trouvant dans le droit civil, dans la loi *Ælia Sentia*, un modèle à suivre pour l'établissement de teur action, et désirant s'en écarter le moi.. possible, n'ont sans doute fait d'abord qu'en développer l'idée. La loi considérait la liberté comme n'ayant pas été conférée; les préteurs supposaient que la tradition de la

____

(1) §§ 34 et suiv. du Comment., IV.
(2) M. Ortolan et M. Ducaurroy, Inst. expliqués, sur le § 6, t. VI, liv. IV.

chose n'avait pas été accomplie, et comme le faisait la loi *Ælia Sentia*, ils accordaient la revendication. Mais ce mode protecteur du droit des créanciers ne pouvait s'étendre qu'aux aliénations, et laissait intacts une foule d'autres actes par lesquels un débiteur peut se rendre insolvable; de plus il avait le tort d'atteindre des tiers acquéreurs de bonne foi, qui supportaient ainsi les conséquences d'une faute dont ils n'étaient pas complices.

Ce fut sans doute pour remédier à ces imperfections que le préteur établit dans son édit une seconde action Paulienne bien différente de la première. Il lui donna les développements que réclamaient l'équité et la protection due aux intérêts très-recommandables des créanciers; il lui fit atteindre tous les actes faits en fraude de leurs droits (1).

Il en fit une action *in factum*, personnelle et arbitraire, destinée à rétablir les choses dans l'état où elles étaient avant l'acte frauduleux. Puis voulant aussi respecter les droits acquis de bonne foi par les tiers, le préteur ne donna plus l'action Paulienne que contre les complices de la fraude ou les acquéreurs à titre gratuit (2).

Cette distinction tout équitable entre les tiers complices ou non de la fraude, finit sans doute par s'étendre à l'action réelle et par en rendre l'utilité bien moins grande. Toutefois elle pouvait encore être avantageuse, si, par exemple, l'acquéreur soumis à l'action était lui-même insolvable, cas dans lequel le résultat de l'action *in personam* eût été illusoire.

(1) L. 10, §§ 17 et 22, N. T.
(2) L. 1, pr.; L. 9, N. T.

SECTION II.

A QUELS ACTES S'APPLIQUAIT L'ACTION PAULIENNE.

16. Rien n'est plus général que les termes de l'édit au préteur, *quæ fraudationis causa gesta erunt, de his actionem dabo*. Ces expressions, comme le fait remarquer Ulpien, comprennent non-seulement les aliénations, mais les libérations, les obligations, en un mot tous les actes frauduleux : *Quodcumque fraudis causa factum est, videtur his verbis revocari qualecumque fuerit, nam late verba ipsa patent.*

17. Pour qu'un acte soit frauduleux dans le sens de l'action Paulienne, nous savons qu'il fallait que le débiteur, en agissant, ait eu l'intention de causer un préjudice à ses créanciers, et le leur ait causé réellement. Les textes ne permettent pas de mettre en doute la nécessité de l'existence du *consilium* et de l'*eventus*.

Mais on peut causer un préjudice à ses créanciers de différentes manières : on peut ou négliger d'acquérir ou diminuer son patrimoine. C'est à cette dernière sorte de préjudice que se réfère l'action Paulienne, et les créanciers sont fraudés, non pas quand leur débiteur néglige d'acquérir, mais quand il diminue son patrimoine.

Le débiteur diminuait son patrimoine quand il aliénait, quand il s'obligeait, quand il libérait ses propres débiteurs, quand il n'exerçait pas ses actions, les laissait périr.

18. Notre titre ne parle pas du cas où il a fait frauduleusement en sorte de perdre un procès. Par exemple il a colludé avec son adversaire, et a succombé dans une

revendication ; il n'est pas douteux que, dans ce cas, ses créanciers ne puissent agir par l'action Paulienne. Il a bien réellement diminué son patrimoine de l'action qui s'y trouvait. Nous voyons d'ailleurs que l'action Favienne (1), qui offre une analogie frappante avec l'action Paulienne, se donnait dans ce cas spécial.

19. Nous venons de dire que si le débiteur ne diminuait pas son patrimoine, s'il refusait simplement d'acquérir, il n'y avait pas lieu à l'action Paulienne. Les jurisconsultes romains donnaient une grande extension à ce principe.

Quand un débiteur créancier lui-même, sous condition, ne remplissait pas la condition à lui imposée, ses créanciers ne pouvaient l'actionner pour le forcer d'agir, et l'on décidait qu'il refusait d'acquérir, mais qu'il ne diminuait pas son patrimoine.

De même, ne tombait pas sous le coup de l'action Paulienne, le débiteur qui répudiait une hérédité ou un legs ; tous les textes sont formels sur ce point. C'est ainsi qu'à la loi 67, § 1, *ad senatus-consultum Trebellianum*, nous voyons le jurisconsulte décider que, malgré l'intention de frauder ses créanciers, le débiteur pouvait, sans avoir à craindre l'action Paulienne, accepter et restituer une hérédité, selon le sénatus-consulte Trébellien, et priver ainsi ses créanciers de la quarte qu'il aurait pu retenir en acceptant selon le sénatus-consulte Pégasien.

20. Tant que nous supposons un héritier externe institué, la théorie que nous venons d'exposer s'explique très-aisément. A Rome, en effet, où, pour acquérir une hérédité, il fallait en quelque sorte aller la trouver, où

____

(1) Liv. XXXVIII, t. V, L. 1, § 7.

ce n'était qu'après l'adition faite que les biens de la succession se trouvaient dans le patrimoine de l'institué, on comprend très-bien que les créanciers ne pouvaient pas vous forcer à faire adition d'hérédité. Mais s'il s'agit d'un héritier sien, il y a plus de sujet de doute ; pour l'héritier sien, en effet, il n'y a pas d'adition ; les biens auxquels il succède sont en quelque sorte les siens. On pourrait donc dire qu'en répudiant l'hérédité, il diminue son patrimoine.

21. Cette difficulté n'avait pas échappé aux jurisconsultes romains, et ils avaient décidé que l'héritier, en refusant l'hérédité légitime, ne diminuait pas son patrimoine : outre le texte formel d'Ulpien (l. 6, § 2, hoc tit.), nous voyons que ce cas s'était présenté à l'esprit du jurisconsulte Valens (1). Il suppose un fils héritier sien chargé de restituer l'hérédité parternelle à un tiers : ce fils la restitue en entier sans retenir la légitime que la loi l'autorisait à garder ; Valens décide qu'il n'y a pas lieu à l'interdit fraudatoire. En effet, dit-il, si nous supposons que les créanciers du père demandent la séparation des biens et les fassent vendre, les créanciers du fils ne retireront rien du patrimoine : ce ne sont donc pas encore les biens du fils ; il y a deux patrimoines distincts, puisque les créanciers du père peuvent en demander la séparation ; et en refusant de retenir ces biens, le fils néglige d'acquérir, mais il ne diminue pas son patrimoine.

22. Le contrat de dot, malgré la faveur dont il jouissait, était de même révoqué quand il était fait en fraude des créanciers ; mais ce contrat se présente à nous avec

(1) Liv. XXXVI, t. I, L. 67, § 2.

deux caractères bien distincts : à titre onéreux par rapport au mari, il est à titre gratuit en ce qui touche la femme. Si donc quelqu'un constitue à une femme une dot en fraude de ses créanciers, ces derniers pourront la faire révoquer s'ils prouvent que le mari est complice de la fraude. Mais si le mari n'est pas complice de la fraude, ils ne pourront agir que contre la femme, qui, possédant à titre gratuit, sera obligée de leur donner caution de restituer la dot, si elle lui parvient.

23. L'action Paulienne ne s'applique pas aux legs, aux fidéicommis et aux donations à cause de mort, et les jurisconsultes font remarquer que la question de fraude ne saurait se présenter dans ces cas. Ces libéralités ne sont acquittées, en effet, que les dettes payées. On ne considère pas quel a été le *consilium* de disposant, mais bien quel est l'*eventus* de la disposition ; et les créanciers passent avant les légataires, sans avoir besoin de recourir à l'action Paulienne, en vertu du principe : *non sunt bona nisi deducto œre alieno.*

SECTION III.

DES CONDITIONS EXIGÉES POUR LA RÉVOCATION.

24. Trois conditions sont nécessaires pour l'exercice de l'action Paulienne : 1° un préjudice ; 2° l'intention frauduleuse chez le débiteur ; 3° et le plus souvent la participation des tiers contractants à la fraude.

25. *Du préjudice.* — « *Hic demum revocatur quod fraudandorum creditorum causa factum est, si eventum fraus*

habuit, nous dit Ulpien (1). Il est incontestable en effet que les créanciers ne peuvent être admis à attaquer les actes faits par leur débiteur qu'autant qu'ils leur sont nuisibles, qu'ils déterminent ou augmentent son insolvabilité. Il faut de plus que le préjudice qu'ils éprouvent, provienne de ces actes mêmes et non de circonstances ultérieures, de cas accidentels et fortuits. Mais l'impossibilité pour le débiteur de satisfaire les créanciers ne pouvait, en droit romain, être constatée qu'après la vente des biens qui suivait l'envoi en possession ; c'était alors seulement qu'on pouvait voir si l'actif était inférieur au passif. Cette certitude une fois acquise, on donnait, comme ressource suprême, l'action en révocation (2).

26. *De l'intention frauduleuse chez le débiteur.* — Nous avons vu qu'après l'application de la loi Ælia Sentia, une controverse s'était élevée entre les jurisconsultes romains pour savoir si les affranchissements devaient être révoqués par cela seul qu'ils étaient préjudiciables aux créanciers, quelle que fût du reste la bonne foi du débiteur, ou si, au préjudice causé, devait se joindre l'intention chez l'affranchissant d'augmenter son insolvabilité, le *consilium fraudis.* Gaïus adoptait le premier avis, et son opinion est restée au Digeste. Julien, moins rigoureux dans son principe, soutenait l'avis contraire, et demandait le préjudice de l'intention : ce fut l'opinion qui prévalut, Justinien nous l'apprend dans ses Institutes.

Relativement à l'action Paulienne les mêmes incertitudes n'ont pas existé, car l'édit du préteur était formel sur ce point, il commençait par ces mots : *qua frauda-*

---

(1) L. 10, § 10, N. T.
(2) Inst., liv. IV, t. VI, § 6 ; L. 10, § 1, N. T.

tionis causa gesta erunt (1)... Pour donner ouverture à l'action en révocation il fallait donc, à côté du fait matériel, le préjudice, un fait intentionnel, la mauvaise foi du débiteur. On ne rescindait que les actes par lesquels celui-ci avait su et voulu léser les intérêts de ses créanciers.

27. C'est aux créanciers demandeurs dans l'action Paulienne qu'il appartient de prouver la fraude du débiteur. Une présomption existe cependant en leur faveur, et ils sont dispensés de cette preuve si leur débiteur, qui savait avoir des dettes, a abandonné gratuitement tous ses biens (2). Sa mauvaise foi ne peut, dans ce cas, être mise en doute. L'intention frauduleuse, chez le tuteur, suffit pour faire prononcer l'annulation de l'acte contre le pupille (3).

28. *De la complicité des tiers contractants.* — Cette troisième condition pour l'exercice de l'action Paulienne n'était pas toujours nécessaire. On l'exigeait lorsque l'acte entaché de fraude avait été fait à titre onéreux, lorsqu'il n'avait pas sa cause dans la libéralité de celui qui l'avait fait. On voulait alors que le tiers avec qui avait traité le débiteur insolvable eût eu connaissance de cette insolvabilité et du préjudice qu'allaient éprouver les créanciers. Cela était très-juste. La position du tiers en faveur de qui le débiteur aliène ou s'oblige à titre onéreux est en effet très-digne d'intérêt; s'il acquiert un avantage, il donne en échange un équivalent : anéantir l'acte, c'est le dépouiller de son bien. Pourquoi aurait-on sacrifié entièrement ses intérêts à ceux des créanciers? Cela ne pouvait et ne devait se faire que si, s'associant

(1) L. 1, pr., N. T.
(2) L. 17, § 1, N. T.
(3) L. 8, De tutelis.

à la fraude du débiteur, se rendant complice de sa mauvaise foi, il devenait ainsi coupable d'un délit qui le rendait indigne de la protection de la loi. Ce sont ces principes qu'Ulpien nous exprime en ces termes (1) : « *Hoc edictum eum coercet, qui sciens eum in fraudem cre ..um hoc facere suscepit quod in fraudem creditorum fiebat. Quare, si quid in fraudem creditorum factum sit, si tamen, is qui cœpit, ignoravit, cessare videntur verba edicti.*

29. Au contraire, la révocation des actes à titre gratuit ne nécessitait pas, de la part des créanciers, la preuve de la mauvaise foi des tiers acquéreurs. Ils n'avaient besoin d'établir que la fraude de leur débiteur. Dans leur lutte avec les tiers, ils avaient en effet droit à toute faveur, parce qu'ils cherchaient à éviter une perte, tandis que leurs adversaires voulaient retenir le gain qu'ils avaient fait. Cette règle et sa justification se trouvaient dans plusieurs textes (2), et entre autres dans le fragment suivant d'Ulpien : « *Si nullo modo dicimus, et si cui donatum est, non esse quærendum an, sciente eo, cui donatum, gestum sit; sed hoc tantum, an fraudentur creditores? Nec videtur injuria affici is qui ignoravit; cum lucrum extorqueatur, non damnum infligatur* (3). »

Il est cependant utile de distinguer la bonne ou la mauvaise foi des tiers acquéreurs, au point de vue des restitutions à faire. Nous examinerons cela en nous occupant des effets de l'action.

30. Il pourrait arriver qu'il fût impossible de soupçonner chez le tiers contractant une complicité frauduleuse, parce que la faiblesse de son discernement ne per-

----

(1) L. 6, § 8, N. T.
(2) L. 17, 1 1, N. T.; L. 6, § 6, N. T.
(3) L. 6, § 11, N. T.

mettait pas de croire qu'il avait pu apprécier la fraude, et en comprendre la portée; telle était la condition où se trouvait le pupille. Les créanciers ne devaient pas, dans ce cas, souffrir de cette position tout exceptionnelle de leur adversaire. Ainsi on leur accordait la révocation des actes quelconques faits avec un pupille, sans qu'ils eussent à justifier de sa participation à la fraude de leur débiteur (1).

Nous ne parlons ici que des actes faits par le pupille seul. Le pupille, le fou, le mineur de vingt-cinq ans qui avaient agi avec l'assistance de leur tuteur et curateur ne pouvaient, lorsque ces derniers s'étaient associés à la fraude, être considérés comme y ayant également participé; aussi n'étaient-ils tenus que *quatenus quid ad eos pervenit* (2). Il en était de même pour le mandant qui ne s'était pas, en même temps que son mandataire, rendu complice de la fraude (3). C'étaient les tuteurs, curateurs, mandataires, qui avaient commis la faute et qui en supportaient la responsabilité envers les créanciers par l'obligation de réparer tout le préjudice causé.

31. Quand disait-on que le tiers contractant avait participé à la fraude du débiteur? Suffisait-il qu'il sût que celui avec lequel il traitait avait des créanciers? Évidemment non, car il pouvait très-bien croire que l'actif, généralement peu connu, était plus que suffisant pour couvrir le passif. Il fallait donc qu'il connût bien que l'acte auquel il allait s'associer nuirait aux créanciers et était fait dans le but de leur faire tort. Peu importait

<hr>

(1) L. 6, § 10, N. T.
(2) L. 10, § 5, N. T.
(3) L. 25, § 3, N. T.

toutefois qu'il crût ne léser qu'un seul créancier (1). Si, avant de contracter, le tiers avait reçu des créanciers sommation de ne rien faire, et s'il passait outre, il était considéré comme complice de la fraude.

32. Nous terminerons cette partie de notre matière par l'examen d'une question sur laquelle les textes semblent laisser planer de l'incertitude.

Un créancier pouvait-il, sans craindre la révocation par l'action Paulienne, recevoir de son débiteur le payement de ce qui lui était dû, alors qu'il connaissait parfaitement le mauvais état de ses affaires, et savait que ce payement nuirait aux autres créanciers? Nous ne parlons pas du cas où l'échéance de la dette n'était pas arrivée; car si on avait payé avant terme, et si la dette produisait intérêt, les créanciers pouvaient demander qu'on leur tînt compte de l'intérêt de la somme payée entre le jour du payement et celui de l'échéance (2). Mais lorsque la dette était échue, et que le créancier en avait reçu le montant, que pouvait-on lui reprocher? Pouvait-on dire qu'il y avait mauvaise foi de sa part? Mais il n'était pas obligé de veiller aux intérêts de ses cocréanciers, de leur sacrifier les siens. Il pouvait répondre à leurs réclamations ces mots que Scævola lui mettait dans la bouche (3):

« *Vigilavi; meam conditionem meliorem feci; jus civile vigilantibus scriptum est.* » Aussi les jurisconsultes décidaient-ils que le payement était parfaitement valable et ne pouvait être rescindé.

Paul (4) disait en effet : *Nullus dolo creditor facit, qui*

(1) L. 10, § 7, N. T.
(2) L. 10, § 12; L. 17, § 2, N. T.
(3) L. 24, N. T. in fine.
(4) L. 129, De regul. juris.

suum recipit. » Et Ulpien s'exprimait aussi nettement dans ce passage : « *Apud Labeonem scriptum est, eum qui suum recipit nullam videri fraudem facere; hoc est, eum qui quod sibi debetur receperat; eum enim, quem præses invitum solvere cogat, impune non solvere iniquum esse* (1). »

Quelques textes (2) cependant semblaient faire une distinction et donner une solution différente selon que le payement avait été fait ou non dans l'intention d'avantager un créancier aux dépens des autres, *per gratificationem.* Mais nous remarquerons qu'il s'agit dans tous ces textes du cas où un pupille héritier sien avait fait des actes d'héritier et s'était ensuite abstenu. Or, ce cas était régi par une règle particulière (3) qui maintenait tous les actes faits par le pupille dans cette circonstance s'ils avaient été faits de bonne foi. Tel n'était pas le caractère du payement faits *per gratificationem;* en conséquence, il devait être rescindé.

La règle, en notre matière, était donc la validité irrévocable des payements, qu'ils eussent été soit spontanément, soit forcément effectués. Toutefois, il fallait qu'ils fussent antérieurs à l'envoi en possesion des créanciers (4). A partir de cet envoi, en effet, le débiteur se trouvait complétement dessaisi de l'administration de ses biens ; il n'avait plus le droit d'en disposer ; toutes les aliénations qu'il faisait après cette époque subissaient la révocation, même contre les tiers de bonne foi. La *missio in possessionem,* quand même elle eût été accordée

(1) L. 6, § 6, N. T.
(2) L. 24, N. T; L. 6, §§ 1 et 2, De rebus auct. jud poss.
(3) L. 44, De acq. vel omitt. hæred.
(4) L. 6, § 7; L. 10, § 16, N. T.

à un seul créancier, créait une obligation d'égalité entre tous les créanciers chirographaires. En constituant à leur profit le gage prétorien, elle les obligeait à se tenir réciproquement compte de ce qu'ils pourraient recevoir. C'est en cela que consistait la différence entre le *prætorium pignus* et le gage conventionnel qui n'obligeait nullement celui qui en était nanti à en communiquer aux autres le bénéfice (1). Ainsi tout le payement fait à l'un des créanciers chirographaires après l'envoi en possession pourrait être réclamé par la masse pour être partagé entre tous les créanciers.

33. Mais si, avant l'envoi en possession, tout payement était irrévocable, il semble qu'il devait *a fortiori* en être de même pour une simple constitution de gage appliquée à une dette antérieure. Toutefois, plusieurs textes (2) décident le contraire; c'est qu'en effet le payement n'est que l'exécution d'une précédente obligation, tandis que la constitution de gage fait intervenir une nouvelle affaire, un nouveau contrat entre les parties; et ce contrat, s'il a un caractère frauduleux, pourra être révoqué.

Je crois qu'il faut décider de même et par la même raison pour la *datio in solutum*.

(1) L. 13, N. T.
(2) L. 10, § 13; L. 22, N. T.

SECTION IV.

A QUI ÉTAIT DONNÉE L'ACTION PAULIENNE.

34. Le droit d'attaquer les actes frauduleux du débiteur appartenait à tous les créanciers, soit hypothécaires, soit chirographaires, ainsi qu'à leurs successeurs, pourvu qu'ils eussent été victimes de la fraude, qu'ils en eussent souffert. Ceux-là seuls pouvaient donc avoir un recours. dont la créance existait avant ces actes frauduleux, et qui avaient vu ainsi diminuer le gage sur lequel ils avaient compté. Les créanciers postérieurs à ces actes ne pouvaient les attaquer, à moins que leurs deniers n'eussent servi à désintéresser les créanciers antérieurs ; ils jouissaient alors du bénéfice d'une espèce de subrogation légale (1), et pouvaient exercer l'action qui n'avait pu prendre naissance en eux.

A part ce cas, nul recours n'était donné aux créanciers, si ceux qui avaient été victimes de la fraude avaient été désintéressés ; il fallait cependant que le payement n'eût pas été fait uniquement pour éviter l'action (2).

L'exercice de l'action Paulienne était donné soit aux créanciers envoyés en possession, soit au *curator bonorum* ou syndic chargé de représenter la masse (3).

Le débiteur n'avait aucun droit d'attaquer ses propres actes, et ses héritiers, qui le représentaient, ne pouvaient être plus favorisés que lui sur ce point (4).

(1) L. 10, § 1; L. 15 et 16, N. T.
(2) L. 10, § 8, N, T.
(3) L. 1, pr., N. T.
(4) L. 4. C., N. T.

SECTION V.

CONTRE QUI ÉTAIT DONNÉE L'ACTION PAULIENNE.

36. L'action Paulienne était donnée contre tous ceux qui avaient participé à la fraude du débiteur, qu'ils en eussent ou non profité, et contre ceux à qui, même de bonne foi, cette fraude avait procuré un avantage purement gratuit (1). Toutefois une différence très-grande existait entre ces deux catégories de tiers soumis au recours des créanciers ; les premiers, coupables d'un délit, devaient réparer tout le tort qu'ils avaient causé ; les seconds, au contraire, n'étaient tenus que dans les limites du profit qu'ils avaient fait, car leur obligation n'avait d'autre cause que ce profit même. L'action Paulienne était *res persecutoria* pour l'avantage qu'on retirait de la fraude ; aussi, dans ces limites, était-elle donnée contre les héritiers ; pour le surplus elle était pénale et n'atteignait alors que ceux qui avaient été directement les complices du débiteur.

36. On donnait aussi l'action contre le débiteur (2), quoique, comme le disait Méla, cela fût en contradiction avec les principes. En effet, le débiteur dont les biens avaient été vendus ne pouvait plus être poursuivi à raison des actes antérieurs à la vente (3), et de plus il était bien dur, en même temps qu'inutile, d'agir contre un homme dépouillé de tous ses biens. Toutefois l'opinion contraire avait prévalu.

(1) L. 6, §§ 11 et 12, pr., N. T.; L. 5, C., N. T.
(2) L. 1, pr., N. T.
(3) L. 25, § 7, N. T.

Le préteur, en haine de la fraude, à titre de peine, donnait l'action contre le *fraudator;* par elle les créanciers pouvaient atteindre les biens qu'il acquerrait dans la suite, mais seulement *in quantum facere potest* (1), déduction faite des aliments. Ils pouvaient de plus, si le débiteur s'était arrangé de manière à faire disparaître une partie de ses biens, à rendre illusoire un recours contre les tiers, user contre lui des voies rigoureuses de la contrainte par corps et le faire mettre en prison (2).

37. L'action Paulienne était-elle donnée contre les sous-acquéreurs? On admettait, dans cette question, les mêmes distinctions que nous venons d'exposer à l'égard de ceux qui avaient acquis directement du débiteur. L'action était donnée contre les sous-acquéreurs à titre gratuit, quelle que fût leur bonne foi, à moins que la chose ne leur vînt d'un acquéreur à titre onéreux non complice de la fraude. Les sous-acquéreurs à titre onéreux étaient protégés par la bonne foi de leur auteur, s'il était acquéreur à titre onéreux; mais s'ils avaient traité avec un acquéreur à titre onéreux de mauvaise foi, ou un acquéreur à titre gratuit, il fallait distinguer s'ils étaient ou non associés à la fraude du débiteur et de leurs auteurs; ils étaient soumis au recours dans le premier cas, et ne l'étaient pas dans le second (3).

(1) L. 0, C., N. T.; Inst., liv. IV, t. VI, § 4.
(2) Voët, N. T., ad Pand , n° 10; Cujas, sur la L. 78, De regul. Juris.
(3) L. 9. N. T.

SECTION VI.

DES EFFETS DE L'ACTION PAULIENNE.

38. L'action Paulienne est une action arbitraire ; le juge a donc la mission, avant de prononcer la sentence qui doit tendre à une somme d'argent, de donner ordre au défenseur de restituer. Lorsque la restitution est possible, le demandeur peut contraindre son adversaire à la lui faire, et une fois le *jussus* exécuté, le juge prononce l'absolution : c'est donc seulement lorsque la restitution est impossible qu'intervient la condamnation.

39. Cette condamnation variera quant à son *quantum*, selon la bonne ou la mauvaise foi du défendeur. S'agit-il d'un acquéreur à titre onéreux ou à titre gratuit, complice de la fraude, qui a cessé de posséder et qui en conséquence ne peut restituer, il est de mauvaise foi, et le montant de sa condamnation sera déterminé par le serment du demandeur. S'agit-il d'un acquéreur à titre gratuit qui n'est pas complice de la fraude, qui, en conséquence, est possesseur de bonne foi, il suffit qu'il rende la chose telle qu'elle se trouve entre ses mains, ou, dans le cas où il l'aurait vendue, qu'il en restitue le prix. En un mot, le défendeur de bonne foi ne sera tenu que jusqu'à concurrence de ce dont il sera devenu plus riche.

40. Il ne faut jamais perdre de vue cette distinction entre les possesseurs de bonne ou de mauvaise foi, quand on examine quelles sont les choses qui seront comprises dans la restitution.

Ce mot restitution doit être entendu dans un sens

large. La chose devra être restituée avec ses fruits, et non-seulement ceux qui ont été perçus, mais encore ceux que le *fraudator* aurait pu percevoir; toutefois, dans la restitution ne seront pas comprises les dépenses nécessaires faites dans l'intérêt de la chose par le possesseur.

Cette décision semble être opposée à celle contenue dans la loi 25, P. 4. Vénuléius dit que la chose aliénée doit être restituée avec les fruits qui, au moment de l'aliénation, tenaient au sol, et ceux qui ont été perçus depuis l'instance commencée, tandis que les fruits perçus entre l'époque de l'aliénation et celle de l'instance restent au défendeur.

Nous croyons que ces divers textes se concilient au moyen de la distinction que nous avons faite entre les complices de la fraude et les défendeurs de bonne foi.

La loi 25, selon nous, détermine ce que devra restituer le défendeur de bonne foi : on sait que le possesseur de bonne foi fait les fruits siens par la consommation. Cette loi, prenant en considération la position du défendeur de bonne foi, qui a acquis la chose du vrai propriétaire, et sans fraude aucune, décide qu'il a fait les fruits siens par la seule perception entre l'époque de l'aliénation et l'époque de l'instance commencée. Le défendeur de bonne foi a en effet acquis ses fruits, *non jure possessionis, sed jure dominii.*

S'agit-il, au contraire, d'un acquéreur complice de la fraude, nous croyons qu'il ne saurait profiter des fruits et qu'il doit les rendre tous aux créanciers, sans qu'il y ait lieu de distinguer à quelle époque les fruits ont été perçus.

41. Si le *fraudator* a libéré un de ses débiteurs, ce dé-

biteur, par l'action Paulienne, sera tenu de renouveler ce dont il a été frauduleusement libéré; si cette obligation était conditionnelle ou à terme, elle sera rétablie avec son terme ou sa condition; si elle était productive d'intérêts, le débiteur devra payer les intérêts tout comme s'il n'eût pas été libéré. Nous croyons qu'il n'y a pas lieu de distinguer dans ce cas s'il est de bonne ou de mauvaise foi. Quand une créance productive d'intérêts est aliénée, elle disparaît avec sa qualité, qui est de produire des intérêts; mais l'action Paulienne, rétablissant les choses dans leur ancien état, fait revivre cette créance telle qu'elle était au moment de la libération. Or, au moment de la libération, elle produisait des intérêts, ces intérêts devront être restitués.

42. Il se peut faire que l'on ne possède plus la chose, mais que l'on ait des actions à raison de cette chose. Par l'action Paulienne, on sera tenu de céder ses actions aux créanciers, qui les exerceront et en tireront le profit que le défendeur en eût tiré.

SECTION VII.

DURÉE DE L'ACTION PAULIENNE.

43. Comme la plupart des actions prétoriennes, l'action Paulienne était annale, c'est-à-dire que les créanciers n'avaient le droit de demander la formule que pendant une année utile; car une fois la formule accordée, celui qui l'avait obtenue avait un nouveau droit, par suite de la novation qu'opérait la *litis contestatio* (1), et il

(1) L. 139, De regul. juris.

ne pouvait user de la formule que pendant un certain temps, dont la durée variait selon que le *judicium* était *legitimum* ou *imperio continens*.

L'année pendant laquelle pouvait être demandée la formule de l'action Paulienne était une année utile, c'est-à-dire non pas une année ordinaire, mais une année composée de trois cent soixante-cinq jours fastes, pendant lesquels la justice était rendue.

44. L'action Paulienne, comme nous l'avons vu, a un certain caractère pénal : elle est fondée sur le délit du débiteur et la complicité de l'acquéreur; et il est de principe que si l'héritier ne peut être actionné à raison du délit de son auteur, d'un autre côté il ne doit pas en profiter (1).

Il suit de là que quand le délai d'un an était passé, l'on avait encore le droit d'intenter l'action, mais seulement jusqu'à concurrence du gain qui pouvait en résulter, soit pour le défendeur, soit pour ses héritiers.

Bien entendu que quand la *litis contestatio* avait eu lieu du vivant du défendeur, ses héritiers, en vertu de la novation, succédaient à ses obligations et pouvaient être poursuivis *in solidum*.

45. Le point de départ de l'année utile était le jour où la vente des biens avait constaté l'insolvabilité du débiteur.

Et en présence des textes du Digeste, nous ne pensons pas que l'opinion de certains auteurs (2), qui font remonter l'ouverture du délai à l'époque de l'aliénation frauduleuse, puisse se soutenir un seul instant.

---

(1) L. 38, De regul. Juris.
(2) Proudhon, Traité de l'usufruit, p. 2401.

46. Il se peut faire que les biens ne soient pas encore sortis du patrimoine, que la chose ne soit pas encore livrée; dans ce cas, quand le *magister* ou le *curator bonorum*, qui représente les créanciers, seront actionnés par le complice de la fraude qui réclame le montant de l'obligation ou la tradition de la chose, ils pourront évidemment répondre à l'action qu'il intente par une exception de dol, ou conçue *in factum*, fondée sur la fraude du débiteur et la violation du gage prétorien.

Mais en outre le préteur protégeait les créanciers par un autre moyen, et il refusait d'accorder l'action qui aurait permis au tiers de mauvaise foi d'inquiéter les créanciers envoyés en possession :

« Quod postea contractum erit quam is cujus bona venierint, consilium receperit fraudare, sciente eo qui contraxerit, ne actio eo nomine detur (1). »

(1) L. 25. — Dig., De rebus auct. Jud., 42, t. V.

ANCIEN DROIT FRANÇAIS.

—

47. Les principes du droit romain tels que nous venons de les exposer passèrent dans notre ancien droit, et ce fut dans les lois romaines que nos vieux auteurs allèrent chercher leurs décisions. Ils admirent donc une action révocatoire accordée aux créanciers dans le cas où les biens du débiteur ne suffiraient pas pour les remplir de leurs créances; et la distinction établie à Rome entre les acquéreurs à titre gratuit et les acquéreurs à titre onéreux, entre les complices de la fraude et les tiers de bonne foi, passa également en droit français.

48. Toutefois de nouveaux principes s'introduisirent dans notre droit et vinrent modifier la doctrine romaine, surtout en ce qui concerne les renonciations.

Nous avons vu que les jurisconsultes romains avaient étendu outre mesure cette règle, que le créancier ne pouvait attaquer les actes par lesquels le débiteur avait négligé d'acquérir; notre ancienne jurisprudence rejeta, par un usage assez constant, les conclusions exagérées qu'on tirait de ce principe, et annula les renonciations frauduleuses à un legs ou à une succession. « Il y a quelques coutumes, nous dit Domat (1), qui veulent que

(1) Lois civiles, l. II, t. X, p. 317.

si un débiteur renonce à une succession qui lui soit échue, ses créanciers puissent se faire subroger à ses droits pour l'accepter, s'ils espèrent y trouver leur compte. » Le droit de ces coutumes prévalut entièrement, car Pothier enseigne sans hésitation : « que lorsqu'un débiteur insolvable refuse d'accepter une succession opulente, en fraude de ses créanciers, pour empêcher qu'ils ne soient payés sur les biens qui lui reviendraient de cette succession, les créanciers sont reçus à l'accepter pour lui (1). » C'était là un changement fort équitable au droit romain : « Il se peut faire en effet, nous a-t-il Donat (2), que le créancier ait eu sujet de compter parmi les assurances qu'il pouvait prendre sur les biens de son débiteur celle des successions qu'il pouvait attendre. » La règle admise pour les successions fut étendue, par l'article 42 de l'ordonnance de 1747, à la restitution anticipée d'un fidéicommis.

49. C'était une question de savoir, dans l'ancien droit, si les créanciers de la femme pouvaient faire révoquer sa renonciation à la communauté comme étant frauduleuse et préjudiciable.

Lebrun s'était posé cette question sans la résoudre ; quant à Ferrières, s'appuyant sur la jurisprudence, il décide que les créanciers peuvent attaquer et faire annuler semblables renonciations.

Mais, selon lui, ce n'est pas parce que la femme a diminué son patrimoine et s'est dépouillée d'un droit acquis, c'est, dit-il, parce que la Cour a jugé que l'équité dans

---

(1) Pothier, des Successions, ch. 3, sect. 3, art., § 2. Voy. aussi Lebrun, Traité des Successions, liv. II, ch. 2, sect. 2, art. 42; le nouveau Denisart, v° Fraude, § 10, Successions.

(2) Tom. II, l. X, p. 318.

ce cas était préférable à la rigueur du droit, qu'il est très-injuste qu'un débiteur trompe les créanciers qui lui ont prêté de bonne foi leurs deniers, et qu'il refuse d'acquérir ce qu'il pourrait acquérir ou pour le faire parvenir à ses enfants ou à des étrangers. Les créanciers sont préférables aux uns et aux autres, et ils peuvent demander d'être subrogés aux droits de leur débiteur à leurs risques, périls et fortunes, en cas qu'il y en ait dans l'exercice de ces droits.

50. Quant aux donations, nos anciens auteurs admettaient pour la plupart les principes du droit romain. Par le droit civil, dit Ferrières, les donations faites en fraude des créanciers peuvent être cassées en justifiant par eux de la fraude en la personne du donateur, quoique le donataire n'y ait pas participé (1).

Et il ajoute que, pour voir s'il y a fraude, il faudra examiner le temps de la donation et à quelles personnes elle a été faite.

51. A propos de ces développements donnés à l'action Paulienne du droit romain, se renouvela parmi nos auciens auteurs la controverse mentionnée aux Institutes de Justinien sur la question de savoir si, au préjudice éprouvé par les créanciers devait ou non, pour qu'il y eût lieu à révocation, se joindre la fraude du débiteur. Boutaric, de Serres et Furgole admettaient un principe éminemment favorable aux créanciers, qui les dispensait de prouver la mauvaise foi du débiteur, considérait

____

(1) Toutefois, jugé au parlement de Grenoble, le 25 février 1635, que les créanciers chirographaires qui avaient des cédules antérieurs en date à la donation faite par un père à son fils seraient payés par préférence au donataire pour n'avoir pu, ajoute l'arrêt, la donation être faite au préjudice de l'antériorité des cédules.

comme offrant une présomption de fraude suffisante la renonciation purement gratuite à un legs, à une succession ou à un usufruit, et ne leur donnait qu'un seul fait à constater, le préjudice, le dommage éprouvé. Cette règle semble avoir été suivie par l'art. 42 de l'ordonnance sur les Substitutions, et avoir ainsi donné une autorité plus grande à la doctrine que nous venons de rappeler. Cependant l'opinion contraire, celle qui voulait la preuve du préjudice et de la fraude, était vivement soutenue par Ricard (1). Pothier se ralliait aussi à cette opinion : « Si un débiteur insolvable, disait-il (2), *en fraude de ses créanciers*, a renoncé à une succession opulente, ces créanciers font rescinder cette renonciation par l'action révocatoire de ce qui est fait en fraude des créanciers. » Il ne paraît pas même avoir trouvé une exception à cette règle dans l'ordonnance de 1747, car, dans son Traité des Substitutions (3), il ne voit dans l'art. 42 qu'une conformité parfaite avec les conditions exigées en droit romain, pour l'exercice de l'action révocatoire accordée aux créanciers. Nous aurons bientôt à voir quelle influence ont eue ces principes divers sur les rédacteurs du Code Napoléon.

(1) Des Substitutions, ch. 10, part. 2.
(2) Traité des Successions, ch. 3, sect. 3, art. 1, § 3.
(3) Traité des Substitutions, sect. 6, art. 1, § 2.

DE L'ACTION RÉVOCATOIRE DANS NOTRE LÉGISLATION.

SECTION PREMIÈRE.

DE LA NATURE DE L'ACTION PAULIENNE.

52. Le principe de l'action Paulienne a été admis par nos législateurs et formulé dans l'art. 1167 du Code Napoléon, qui est ainsi conçu : « Ils (les créanciers) peu- » vent, en leur nom personnel, attaquer les actes faits » par leur débiteur en fraude de leurs droits. » On peut voir, par la généralité de ces expressions, que l'action révocatoire est établie dans notre droit sur les bases les plus larges. Nous verrons, en effet, qu'elle reçoit chez nous et les développements qu'elle avait en droit romain, et l'extension que lui avait imprimée l'ancienne juris- prudence en matière de renonciations.

53. Mais avant d'en expliquer les règles, nous devons revenir et insister sur une idée que nous avons émise au commencement de cette dissertation, et qui nous servira à résoudre plusieurs difficultés de notre matière.

En vertu de l'art. 2093 du Code Napoléon, les créan- ciers ont pour gage commun tous les biens de leurs dé- biteurs, et ils peuvent les vendre et s'en distribuer le prix. Tant qu'ils n'usent pas de ces mesures de rigueur, le pa- trimoine qui forme leur gage, reste entre les mains du débiteur qui l'administre et le fait valoir ; mais il n'est en tout cela que le représentant de ses créanciers ; l'art. 2092 ne peut laisser de doute à cet égard. Nous pouvons donc dire que tout débiteur est vis-à-vis de ses créanciers un mandataire obligé en conscience, comme en droit, à leur conserver le gage de leur créance, et à le transformer en argent quand cela devient nécessaire.

Ce mandat d'administration laissé au débiteur, comprend les pouvoirs les plus étendus, il n'a de limite que la fraude. Le débiteur peut s'obliger, hypothéquer, transiger, aliéner, même à titre gratuit, faire enfin tous les actes d'une personne qui n'a rien perdu de sa capacité juridique; mais tous ces actes, il les fait sous le contrôle et sous la surveillance de ses mandants, c'est-à-dire de ses créanciers. — S'il apporte de la négligence dans sa gestion, ses créanciers peuvent agir à sa place (art. 1166); —s'il ne fait pas vendre ses biens pour payer ses dettes, ils procèdent eux-mêmes à cette vente au moyen des saisies ; — s'il excède, en faisant des actes frauduleux, les pouvoirs qui lui ont été laissés, ses mandants font considérer comme non avenus, quant à eux, ces actes dans lesquels ils n'ont pas été représentés (art. 1167).

C'est donc sur l'idée de mandat que reposent tous les droits des créanciers. Cette idée va nous servir à résoudre la première question qui se présente à notre matière.

54. Quelle est la nature, le caractère de l'action révocatoire? Est-elle personnelle, réelle ou mixte? Il est bon de résoudre cette question, afin de déterminer, d'après sa solution, quel sera le tribunal compétent pour juger la demande des créanciers.

La décision que nous prendrons nous sera encore utile quand, plus tard, nous examinerons les effets de l'action révocatoire.

55. Nous pensons que, dans notre législation, l'action révocatoire est tantôt personnelle, tantôt réelle, suivant la nature du droit qu'elle a pour objet de faire entrer ou réintégrer dans le patrimoine formant le gage des créanciers.

S'agit-il d'un droit personnel? le débiteur a-t-il, par exemple, fait remise d'une dette à un de ses obligés? Les créanciers agiront contre celui-ci, et lorsqu'il opposera la remise, ils prouveront la fraude, établiront que le débiteur a violé son mandat, et que, quant à eux, l'acte frauduleux doit être considéré comme non avenu. S'agit-il d'un droit réel? le débiteur a-t-il, par exemple, aliéné un de ses immeubles? Les créanciers agissant contre le tiers acquéreur justifieront que, par suite de la fraude, leur gage a été diminué sans leur consentement, qu'ils n'ont pas été représentés au contrat d'aliénation; que, par conséquent, pour eux et dans la limite de leurs droits, l'immeuble aliéné doit rentrer dans l'ensemble des biens formant la garantie de leur créance. C'est un véritable droit de suite qu'ils exercent sur les biens qui leur ont été soustraits. En un mot, tous les actes frauduleux sont affectés d'une condition résolutoire au profit des créanciers.

Toutefois il ne faut pas oublier que c'est sur l'équité que doit avant tout reposer l'action révocatoire, que c'est dans un but d'équité qu'elle a été créée par les préteurs romains, et que, dans les nombreux développements qu'ils lui ont donnés, ils ont eu bien plus à cœur de rendre à chacun bonne et loyale justice que de créer un système homogène et riche en déductions logiques. L'idée romaine a été aussi celle du législateur français. Il ne faudra donc pas tirer des règles que nous avons posées toutes les conséquences qu'elles pourraient logiquement avoir.

En principe, nous avons établi que les créanciers avaient un véritable droit de suite sur les choses immobilières, aliénées par leur débiteur en fraude de leurs droits, et qu'ils pourraient recourir contre les tiers possesseurs. Mais comme il ne faut pas que la protection donnée à leurs intérêts devienne une iniquité flagrante à l'égard de leurs adversaires, on ne leur accordera gain de cause qu'autant qu'ils auront une position préférable, en droit, à celle des tiers. Ainsi, agissent-ils contre un acquéreur à titre gratuit, ils gagneront toujours leur procès, parce que celui-ci cherche à réaliser un bénéfice, tandis qu'ils ne tendent qu'à éviter une perte; l'un *certat de lucro captando*, les autres *certant de damno vitando*. Agissent-ils, au contraire, contre un acquéreur à titre onéreux : en principe, ils seront repoussés de leur demande, car l'acquéreur veut, comme eux, éviter une perte. Il est de bonne foi, il a été victime d'une erreur inévitable ; sa position est préférable à celle des créanciers, à qui l'on peut toujours reprocher, comme une négligence, de n'avoir pas exigé de garanties spéciales. Mais si les créanciers prouvent que l'acquéreur à titre onéreux est de mauvaise foi, qu'il a été complice de la fraude du débiteur, qu'il est ainsi devenu indigne de la protection du législateur, ils devront obtenir la révocation qu'ils demandent. Les mêmes distinctions doivent être admises en faveur des tiers poursuivis par l'action personnelle.

Notre système, qui admet tantôt la personnalité, tantôt la réalité de l'action révocatoire, est donc basé sur cette idée bien simple : que les droits des créanciers contre les tiers sont en principe ceux du mandant dont le mandat a été violé ; mais que ces droits subissent certaines modifications commandées par l'équité.

50. Personne ne soutient que l'action révocatoire est purement réelle ; mais des auteurs très-recommandables prétendent qu'elle est, dans notre droit, toujours personnelle. Parmi ces auteurs se trouve M. Capmas, qui présente son principal argument en ces termes : « La » cause de l'obligation sur laquelle se fonde le droit du » créancier est le dommage qu'il a éprouvé et dont il a » droit de demander la réparation, non-seulement au dé- » biteur ou à ses héritiers, qui peuvent être insolvables, » mais encore aux complices de ce débiteur, à leurs hé- » ritiers et à tous ceux qui se sont enrichis injustement » par suite de ces fraudes. Cette action est toujours fon- » dée ou sur le principe de l'article 1382, ou sur cette » règle éminemment équitable que nul ne doit s'enrichir » injustement aux dépens d'autrui (1). » C'est là, disons-nous, l'argument fondamental de M. Capmas ; tous les autres nous ont paru n'en être que la reproduction ou les conséquences (2).

Ainsi donc, vis-à-vis des acquéreurs à titre onéreux et des donataires de mauvaise foi, M. Capmas invoque l'article 1382 ; vis-à-vis des donataires de bonne foi, la maxime : Nul ne doit s'enrichir injustement aux dépens d'autrui.

Il faut donc prouver qu'il y a préjudice injustement causé aux créanciers, bénéfice injustement acquis pour le donataire. Ici, M. Capmas nous semble faire une con-

(1) Page 41.
(2) Pages 41, 76, 78, 70 et 104.

fusion entre la lésion d'intérêts et la lésion de droits; il oublie qu'à côté de l'adage : « *Nemo ex damno alterius locupletior fieri debet,* » vient se placer cet autre adage également vrai : « *Neminem lædere videtur qui jure suo utitur.* » Je ne dois aucune réparation à celui à qui je cause un préjudice, quelque grand qu'il soit, lorsque je me suis renfermé scrupuleusement dans l'exercice de mes droits sans empiéter sur les siens.

Ce principe étant établi, examinons si le donataire de bonne foi a, vis-à-vis des créanciers du donateur, commis une lésion de droits. Le débiteur avait-il donc perdu le droit de disposer de ses biens à titre gratuit? Le donataire n'avait-il donc pas la capacité de recevoir de ce donateur?

M. Capmas répond lui-même à ces questions par l'affirmative. Dès lors, le donataire s'est renfermé dans l'exercice de ses droits et n'a aucunement lésé les droits des créanciers du donateur. Donc, toute base manque dans ce système à l'action des créanciers contre le donataire de bonne foi, ce qui entraîne la chute inévitable du système entier.

57. M. Capmas reproduit son argument fondamental sous bien des formes différentes. Nous avons dit qu'il n'en ajoute aucun autre ; nous nous trompions. En voici un second et des plus singuliers ; cet auteur le tire de ces mots de l'article 1167 : « *en son nom personnel.* » Or, qui ne sait que tel n'est pas et que tel ne saurait être le sens de ces mots? Ils ont pour but de bien marquer la différence fondamentale entre l'action subrogatoire, introduite par l'article 1166, et l'action révocatoire, introduite par l'article 1167.

Dans le premier cas, les créanciers sont les ayants

cause de leur débiteur ; ils ne le sont plus dans le second. D'ailleurs le créancier hypothécaire agit aussi en vertu d'un droit qui lui est personnel, et cependant l'action hypothécaire a toujours été considérée comme réelle. Ce système nous semble contraire à tous les principes. Il faut donc chercher une autre base au droit des créanciers ; cette base, nous la trouvons dans la violation du mandat qu'ils ont laissé au débiteur.

58. Outre la critique que nous croyons pouvoir adresser au système contraire au nôtre, nous pensons qu'une autre raison doit encore le faire repousser. Il est évident qu'en notre matière surtout, les rédacteurs du Code ont été sous l'impression des idées romaines ; et en droit romain, l'action Paulienne était tantôt réelle, tantôt personnelle. Il est bien probable qu'ils ont voulu donner à notre action la même nature, le même caractère que dans la législation qui lui servait de modèle.

Nous ne nous refusons pas pourtant à reconnaître, avec les partisans du système de la personnalité, que le tiers complice de la fraude a commis un délit qui l'oblige à réparer le tort qu'il cause aux créanciers. Cela aura une influence certaine au point de vue des restitutions à opérer ; mais nous prétendons que le droit des créanciers ne dérive pas seulement de cette obligation.

59. Nous devons, avant d'entrer dans l'examen plus approfondi de l'action révocatoire, la distinguer d'une autre action accordée aux créanciers et à tout autre intéressé contre les actes simulés ; cette action porte en doctrine le nom d'action en déclaration de simulation.

Un acte frauduleux est un acte inspiré par le dol et par l'intention de porter préjudice ; mais c'est un acte sérieux ; certaines personnes peuvent en demander la révocation dans leur intérêt; mais les contractants eux-mêmes seront parfaitement liés, et cet acte pourra produire des effets très-nombreux. L'acte simulé, au contraire, n'a d'existence qu'en apparence et pour frauder les créanciers; mais comme il n'est pas sérieux, il ne lie nullement les parties; ou bien encore c'est un acte d'une certaine nature, déguisé sous la forme d'un autre contrat. D'Argentré disait en parlant des actes simulés : *Colorem habent, substantiam vero nullam.* « Ajoutons, pour compléter la définition : « *substantiam aliquando alteram.* »

De cette distinction des deux actions découlent des conséquences importantes en pratique.

L'action révocatoire ne produit que des effets relatifs ; le bien aliéné, par exemple, ne revient aux créanciers que dans la limite de leurs créances ; au contraire, par l'action en déclaration de simulation le bien rentre entièrement dans le patrimoine du débiteur, sans que les tiers puissent rien réclamer. Pour exercer l'action Paulienne les créanciers doivent prouver l'insolvabilité du débiteur et le préjudice que leur cause l'acte attaqué ; ils n'ont pas cette preuve à faire pour l'action en simulation, puisque l'acte n'a pas d'existence réelle. Enfin, l'action révocatoire ne peut, en principe, être exercée que par les créanciers antérieurs à l'acte frauduleux, parce qu'eux seuls éprouvent un préjudice ; l'action en simulation est accordée à tout créancier antérieur ou postérieur à l'acte attaqué (1).

(1) Merlin, Rép., v° Créancier, n° 33; M. Zachariæ, t. II, p. 341, note 2; Cass., 5 mai 1839 (Sir., 29, 1, 248); Cass., 20 mars 1832 (Dall , 32, 1, 131).

4

SECTION II.

DES ACTES QUE LES CRÉANCIERS PEUVENT FAIRE RÉVOQUER.

60. Examinons maintenant quels sont les actes qui tombent sous l'application de l'art. 1167, et peuvent, par conséquent, être révoqués comme faits en fraude des droits des créanciers. Nous avons déjà remarqué combien, à cet égard, étaient larges les expressions de l'édit. Ulpien, dans son commentaire sur cet édit, en fait la remarque : « *Lata ista verba patent*, » dit-il dans la loi 1, § 2, h. t. Notre législation, suivant en cela l'exemple du droit romain, a voulu fournir aux créanciers le moyen d'atteindre la fraude sous toutes les formes si variées qu'elle sait revêtir. Aussi l'art. 1167 s'exprime-t-il dans les termes les plus généraux sur les actes qui peuvent être attaqués par l'action révocatoire, et ses expressions doivent être prises avec toute l'étendue dont elles sont susceptibles. Soit que le débiteur aliène ses biens, soit qu'il contracte des obligations, soit qu'il renonce à des droits ouverts en sa faveur, il y a lieu à intenter l'action Paulienne.

61. Nous avons déjà fait remarquer que l'ancienne jurisprudence avait rejeté le système subtil des jurisconsultes romains sur la distinction entre les actes qui diminuent le patrimoine, et ceux par lesquels on néglige de l'augmenter. Voyant dans la répudiation des droits acquis, dans la renonciation à une succession, à un legs, à une substitution, des actes aussi dommageables qu'une aliénation, elle permettait aux créanciers de les attaquer

par l'action révocatoire. Tel est aussi le système du Code Napoléon, tel il devait être sous une législation qui donne aux créanciers un droit de gage général sur tous les biens de leur débiteur. Nous pensons, en effet, que nos législateurs ont voulu, en principe, donner les moyens de triompher de la mauvaise volonté du débiteur qui renonce frauduleusement à s'enrichir; car cette faculté d'acquérir, que personne, avant sa renonciation, ne peut lui enlever, fait partie intégrante de son patrimoine, et comme telle ne peut être frauduleusement abandonnée.

L'art. 788 du Code Napoléon, qui consacre pour les créanciers de celui qui a renoncé à une succession le droit de se faire autoriser en justice à l'accepter en son lieu et place, n'est donc, suivant nous, que l'application d'un principe général dont nous trouverons encore un exemple en examinant l'art. 1464.

Quelques auteurs (1) ont donné une tout autre raison à cette divergence entre la loi française et la loi romaine. Ils prétendent que le droit pour les créanciers de faire révoquer les renonciations à une succession n'est que la conséquence de l'introduction de la maxime *le mort saisit le vif*, de l'établissement dans notre droit de la saisine.

En effet, chez nous, disent-ils, l'héritier se trouve, sans adition, investi des biens de la succession; en y renonçant, il fait une véritable aliénation, et on rentre alors dans les principes du droit romain. Cela est inexact; il y avait à Rome un héritier, l'*hœres suus*, qui se trouvait de plein droit saisi des biens de l'hérédité, et

---

(1) M. Marcadé, sur l'art. 1167, § 3; Capmas, p 16.

son abstention ne pouvait être attaquée par l'action Paulienne. Bien plus, il est incontestable que chez nous les créanciers ont le droit d'attaquer la répudiation d'un legs particulier, pour lequel on est obligé de former une demande en délivrance ; en droit romain, les principes sur les legs étaient les mêmes et la décision différente sur notre question. Il faut donc reconnaître qu'il y a chez nous un principe nouveau plus large, plus équitable que celui des Romains, en vertu duquel les créanciers pourront consommer l'acquisition, à moins toutefois qu'un fait personnel à leur débiteur ne soit nécessaire pour y arriver.

62. L'art. 788 du Cod. Nap. n'est que l'application de cette règle. Il s'agit dans cet article d'un héritier qui renonce à une succession. Si cette succession n'est pas encore acceptée par d'autres héritiers, on sait qu'aux termes de l'art. 790 l'héritier a le droit de revenir sur sa renonciation. Les créanciers peuvent donc exercer ce droit de leur chef, conformément à l'art. 1166. Mais si la succession est acceptée par d'autres héritiers, alors l'héritier renonçant est complétement déchu : il y a désormais un fait accompli. Les créanciers du renonçant peuvent faire tomber, quant à eux, cette renonciation par l'article 788 qui, selon nous, est encore une application de l'art. 1267. Ils auront donc à prouver la fraude du renonçant.

Il faut que la renonciation soit faite au préjudice des créanciers ; il résulte de là que les créanciers postérieurs à cette renonciation ne peuvent l'attaquer, puisqu'en réalité elle ne leur a causé aucun préjudice.

63. Notre article dit que les créanciers pourront se faire autoriser en justice à accepter la succession au lieu

et place de leur débiteur. En faut-il conclure que ce sont des héritiers tenus des dettes, qu'il s'agit d'une véritable acceptation ? Dans notre ancien droit, il en était ainsi, selon certains auteurs, et cette idée avait été émise lors de la rédaction du Code civil, dans les observations du tribunal de cassation : « S'il s'agit d'une renonciation
» à un titre lucratif tel qu'une succession et une dona-
» tion, les créanciers qui veulent faire annuler cette re-
» nonciation doivent se faire subroger aux droits de leur
» débiteur, et prendre sur eux tous les risques et toutes
» les charges du titre qu'ils acceptent à sa place. »

Maleville, dans son Analyse raisonnée du Code civil, adopte aussi cette idée : « Les créanciers, dit-il sur
» l'art 1167, peuvent accepter une succession ou une
» donation auxquelles leur débiteur aurait renoncé ; mais
» ils prennent pour lors sur eux les risques. »

64. Cette opinion ne nous semble pas fondée ; c'est improprement que l'on dit que les créanciers sont autorisés à accepter la succession du chef du débiteur : ce ne sont pas de véritables héritiers. En vertu du titre de créancier, on ne saurait devenir héritier dans le sens propre du mot, représenter la personne du défunt, succéder à ses droits actifs et passifs. Le but des créanciers, c'est de se faire payer, et la loi leur en fournit les moyens ; sans doute les dettes de la succession seront payées d'abord, mais ce n'est pas parce que les créanciers de l'héritier sont obligés personnellement à payer les dettes de la succession, mais en vertu de ce principe que *non sunt bona, nisi deducto ære alieno.*

65. Les héritiers qui ont accepté peuvent évidemment écarter la demande en annulation en payant les créanciers qui la font ; ils peuvent également exiger d'eux qu'ils

établissent l'insolvabilité du renonçant en discutant ses biens.

66. Le débiteur ne perd pas, en s'obligeant, le droit de contracter de nouvelles dettes; toutefois cette faculté est soumise comme les autres à la restriction de l'art. 1167, et les créanciers peuvent faire révoquer toute obligation frauduleusement contractée quelle qu'en soit du reste la cause, qu'elle naisse d'un contrat, d'un quasi-contrat, d'un délit, d'un quasi-délit. En conséquence, il semble tout naturel de décider que si un débiteur accepte frauduleusement une succession notoirement mauvaise, ses créanciers auront le droit de faire rescinder son acceptation. Il s'est, en effet, par ce moyen, personnelle-ment obligé envers les créanciers de la succession. Tou-tefois, on oppose à cette argumentation l'art. 881 du Code Napoléon qui est ainsi conçu : « Les créanciers de » l'héritier ne sont pas admis à demander la séparation » des patrimoines contre les créanciers de la succession. » Exercer l'action révocatoire contre l'acceptation, c'est, dit-on, demander une véritable séparation de patri-moines; droit que n'ont pas les créanciers de l'héritier. L'art. 1167, disent les auteurs partisans de ce sys-tème (1), renvoie au titre des Successions, comme ren-fermant pour l'action révocatoire des règles toutes spé-ciales. Aucun article de ce titre ne dit qu'on pourra attaquer l'acceptation; l'art. 881 dit même le contraire. Il n'est que la reproduction de la loi 1, 55, D., *De se-parat.*, qui n'accordait aucun recours aux créanciers, et notre législateur n'a pas même admis une exception que les jurisconsultes romains faisaient à leur principe dans

<hr>

(1) M. Vazeille, Successions, sur l'art. 881; Toullier, IV, n° 547; Delv., II, p. 180; Dur., VII, n°° 502, 503; Chabot, Successions, sur l'art. 881.

le cas où la fraude était par trop évidente (1). Quant à la raison d'être d'une disposition qui protégerait si efficacement la mauvaise foi, elle se trouve, pour les partisans de ce système, dans cette règle que le débiteur n'a pas perdu le droit de faire de nouvelles dettes. Cela est vrai, mais jusqu'à la fraude exclusivement; le droit finit là où la fraude commence, c'est l'application des principes généraux. L'art. 881 s'explique du reste parfaitement sans en tirer les conséquences que nous venons de voir. Malgré la loi romaine, Domat admettait les créanciers de l'héritier à demander la séparation des patrimoines sans aucune condition. Lebrun (2) et Pothier (3), s'élevant contre cette doctrine, s'appuyaient justement pour la combattre sur cette raison, que le débiteur a toujours la faculté de s'obliger. Le Code Napoléon, dans son art. 881, a eu pour but de trancher cette controverse dans le sens de Pothier. Mais cet auteur disait aussi positivement qu'en cas de fraude de leur débiteur, les créanciers pouvaient faire rescinder l'acceptation et qu'on rentrait alors dans la règle générale. Nous pensons que les rédacteurs du Code ont suivi, avec raison, la doctrine si équitable de leur guide habituel (4).

Nous admettons la même décision en cas d'acceptation frauduleuse de la communauté par la femme. Le préjudice pour les créanciers sera moins fréquent en cette matière que dans le cas précédent, car la femme, si elle a fait inventaire, n'est pas tenue au delà de son émolument. Mais elle peut n'avoir pas fait cet inventaire, ou bien son

(1) Ulpien, liv. I, § 5, De separat.
(2) Successions, liv. IV, ch. 2, sect. 1.
(3) Successions, ch. 5, art. 4.
(4) M. Marcadé, sur l'art. 788, n° 3 ; M. Capmas, n° 63.

acceptation pourrait l'empêcher de profiter d'une clause avantageuse du contrat de mariage, par exemple, du droit de reprendre son apport franc et quitte (art. 1514); il y aurait alors dommage certain pour les créanciers et l'action révocatoire devrait avoir son cours (1).

67. La vigilance des juges et la surveillance du ministère public ne suffisent pas toujours pour empêcher la fraude de se glisser dans les jugements et de se mettre à l'abri derrière l'autorité de la chose jugée. Mais pas plus qu'un autre, le contrat judiciaire frauduleux n'est à l'abri de la révocation. Le débiteur est le mandataire général de ses créanciers; il les représente aussi bien dans les instances où il s'engage que dans les contrats où il figure; mais ce mandat légal a la fraude pour limite. D'où il résulte qu'en justifiant de la collusion frauduleuse du débiteur qui s'est laissé condamner, les créanciers établissent qu'ils n'ont pas été représentés au procès, puisqu'ils n'y ont figuré ni par eux-mêmes ni par un mandataire. Aussi, dans ce cas, pourront-ils attaquer les jugements rendus contre leur débiteur par la voie de la tierce opposition. Les rédacteurs du Code de procédure civile avaient proposé d'y insérer l'article suivant :
« A l'égard des jugements lors desquels la partie n'a pas
» dû être appelée (tel est bien le cas des créanciers,
» puisqu'en principe général ils sont représentés par leur
» débiteur), elle ne pourra les attaquer qu'en prouvant
» la collusion, la fraude ou le dol. » Cet article disparut lors de la discussion au Conseil d'État par des motifs étrangers à la question qui nous occupe. Donc il est hors de doute que la tierce opposition doit être accordée aux

____

(1) Pothier, Commun., n° 559.

créanciers, quand il s'agit d'un jugement que leur débiteur a laissé frauduleusement prendre contre lui. Nous croyons même que c'est un des cas rares où la voie de la tierce opposition est indispensable. En effet, aux termes de l'art. 1351 du Code Napoléon, les jugements ne servent ou ne nuisent qu'à ceux qui les obtiennent. On peut donc se demander comment il est possible d'imaginer un cas où un jugement blesse les droits d'une personne qui n'a pas été en cause, et quelle est l'utilité de la tierce opposition en présence du principe *res inter alios acta aliis neque nocere, neque prodesse potest*. Aussi Merlin a soutenu que la tierce opposition n'était jamais obligatoire, mais simplement facultative. Nous croyons que cette opinion, ainsi formulée, est trop étendue.

68. La tierce opposition ne doit pas être considérée comme une simple application du principe de l'art. 1351 ; d'après le texte même de la loi, c'est un moyen d'attaquer et de faire réformer à certains égards le jugement rendu entre des tiers. Sans doute toutes les fois qu'un jugement ne causera aux tiers qu'un préjudice de droit, de principe, d'abstraction en quelque sorte, l'art. 1351 sauvegardera les droits des tiers ; mais si par son exécution le jugement doit causer aux tiers un préjudice de fait irréparable, on conçoit qu'ils aient intérêt à prendre l'initiative et à invoquer la tierce opposition. Ainsi, supposons qu'un de mes voisins, attaquant l'usufruitier de mon héritage en vertu d'un prétendu droit de servitude, ait fait juger contre lui que des arbres situés sur mon fonds doivent être abattus, soit comme trop près de la ligne séparative, soit comme nuisant à une servitude de vue. L'usufruitier a succombé dans cette question ; le jugement a ordonné d'abattre les arbres qui font obstacle

au droit de prospect. Il est clair que si je me borne à intenter une nouvelle action, sauf à invoquer plus tard
l'art. 1351, je n'éviterai pas l'exécution du jugement
entre les parties qui y ont figuré; je n'éviterai pas un
préjudice irréparable en définitive. Dans ce cas, la seule
voie raisonnable qui mène à mon but, c'est de former
tierce opposition au jugement dans lequel je n'ai pas
figuré (1).

Outre le droit qu'ont les créanciers d'attaquer par la
voie de la tierce opposition le jugement rendu contre leur
débiteur, il est bien entendu qu'ils jouissent encore, aux
termes de l'art. 1166, du droit d'attaquer par les voies
ordinaires et extraordinaires de réformation ou de rétrac-
tion qui pourraient lui appartenir.

69. C'est un point aujourd'hui à peu près hors de toute
controverse dans la doctrine que le débiteur ne représente pas les créanciers hypothécaires dans une instance
engagée sur la question de propriété de l'immeuble
hypothéqué, en sorte qu'on ne pourrait leur opposer
l'autorité d'un jugement qui aurait décidé contre lui le
débat. La question de validité de leur hypothèque, c'est-
à-dire, la question de savoir si elle a été constituée *a vero
domino* ou *a non domino*, reste entière entre eux et le
nouveau possesseur (2). Malheureusement, la jurisprudence paraît décidément fixée dans le sens contraire,
quoique sa décision ne puisse se justifier au point de vue
des principes.

70. Quelle que soit la généralité des termes de l'ar-

---

(1) M. Bollard, sur la tierce opposition.

(2) Voir, à cet égard, un remarquable article de M. Valette, dans la Revue
du droit français et étranger, année 1844, t. I, p. 27.

ticle 1167, quelques exceptions doivent être apportées à son principe ; nous allons les examiner.

71. Les créanciers ne peuvent pas exercer l'action révocatoire contre la renonciation de leur débiteur à toute espèce de droits. Pour pouvoir le faire, il faut que, la renonciation étant annulée, ils puissent prendre en main ces droits abandonnés par leur obligé, le faire valoir en son lieu et place, en tirer enfin un avantage propre à les désintéresser. S'ils n'ont pas cette faculté, à quoi leur servirait d'user du bénéfice de l'article 1167, puisque le gage ne pourrait en être augmenté ? Il y a en effet des droits et actions exclusivement attachés à la personne du débiteur, que les créanciers n'ont pas le droit d'exercer pour lui, et encore moins pour eux seuls ; l'article 1166 le dit positivement. La difficulté est seulement de déterminer quels sont ces droits personnels. Là dessus les auteurs ont beaucoup varié, et les suivre dans leur divergence nous entraînerait trop loin. Nous citerons seulement quelques-uns des droits qui sont incontestablement compris dans cette classe et auxquels le débiteur peut renoncer, sans avoir, par conséquent, à craindre le recours de ses créanciers. Ce sont : 1° les actions en révocation d'une donation pour cause d'ingratitude, en dommages-intérêts pour délits commis contre la personne ou l'honneur du débiteur. En pareille matière le pardon de l'offensé est tout puissant ; il y a en effet pour lui une appréciation à faire, appréciation tout individuelle, car elle rentre dans le domaine de la conscience, là où les créanciers ne doivent ni pénétrer ni intervenir. 2° Les droits d'usage et d'habitation. Ces droits, étant limités aux besoins de l'usager, sont tout à fait en dehors du gage des créanciers. 3° Le droit de retrait successoral.

Si les créanciers pouvaient, éloignant un acheteur de droits successoraux, intervenir eux-mêmes dans toutes les opérations du partage, le but de la loi ne serait pas rempli, car elle a justement voulu en éloigner les tiers étrangers qui n'ont pour but que le profit, et n'apportent pas l'esprit de conciliation nécessaire à cet acte.

72. La renonciation à l'usufruit légal, que l'art. 384 attribue au père pendant le mariage, et après la dissolution, au survivant des père et mère, sur les biens personnels de leurs enfants, jusqu'à ce qu'ils aient atteint l'âge de dix-huit ans accomplis ou qu'ils aient été émancipés, tombera-t-elle sous l'application des art. 1167 et 622? Une distinction nous paraît devoir être faite : le père (ou la mère) a renoncé directement à l'usufruit, ou il n'y a renoncé que tacitement et indirectement par l'effet de l'émancipation conférée à son enfant.

Dans le premier cas, si la renonciation est frauduleuse, elle nous paraît pouvoir être l'objet de l'action Paulienne. Nos anciens auteurs mettaient en question si la renonciation même directe du gardien à sa jouissance pouvait être attaquée par ses créanciers, et quelques-uns leur refusaient ce droit (1). Proudhon a exprimé les mêmes doutes sous l'empire du Code Napoléon (2). Mais la solution qui accorde aux créanciers l'action Paulienne nous paraît devoir être admise aujourd'hui sans contestation. Les créanciers peuvent attaquer tous les actes faits par leur débiteur en fraude de leurs droits ; telle est la règle. Or si la renonciation à l'usufruit légal a été faite par le père en fraude de ses créanciers, elle

(1) Nouveau Denisart, t. IX, V° Garde noble, § 0, n° 12; Serres, liv. II, tit. VIII, p. 194.
(2) Usufruit, t. V, n° 2397.

est très-préjudiciable à ceux-ci , qui ont pu compter sur cette jouissance pour être payés, puisque la loi n'a défendu nulle part que les revenus en soient saisis ; donc, ils ont le droit d'attaquer la renonciation qui diminue et, peut-être, anéantit leur gage. Il ne sera pas même nécessaire qu'ils prouvent que l'enfant était complice de la fraude commise par son père, puisque c'est à titre gratuit qu'il profite de la renonciation attaquée.

Mais la question est bien différente dans le second cas, c'est-à-dire lorsque c'est par l'effet seulement de l'émancipation que l'usufruit légal a cessé dans la personne du père. A la vérité, une assez vive controverse s'était élevée sur ce point dans l'ancienne jurisprudence; mais en dernier lieu, la majorité des auteurs s'était prononcée dans le sens qui nous paraît le plus conforme aux principes, c'est-à-dire contre la révocation (1). La discussion s'est ranimée aussitôt après la promulgation du Code Napoléon entre Merlin et Toullier (2). Aujourd'hui l'opinion à laquelle nous donnons la préférence semble avoir généralement prévalu (3).

73. Les droits des créanciers sont réglés d'une façon particulière en ce qui touche les successions , et c'est à ces règles spéciales que fait allusion la disposition finale de l'art. 1167.

Le législateur avait , dans le cas de partage des successions , à se préoccuper des intérêts des créanciers, des copartageants, et en même temps à protéger le partage en lui-même contre des réclamations qui, remettant

---

(1) Voir, dans notre sens, Bretonnier, sur Henrys, liv. IV, Chabrol, Coutume d'Auvergne; Louis, Catellan, liv. VI.

(2) Merlin, Questions de droit, t. VI, Vº Usufruit paternel; Toullier, t. VI, nº 368.

(3) Sic, Proudhon, t. V; Zachariæ, § 313; Demolombe, t. VI, etc.

tout en question, auraient eu un grand inconvénient. L'application de l'art. 1167 voudrait que les créanciers eussent le droit d'attaquer un partage frauduleux comme tout autre acte de cette nature. Le législateur ne l'a pas voulu; il ne leur a donné qu'un droit d'intervention, et c'est là le but de l'art. 825 qui permet aux créanciers hypothécaires d'intervenir au partage pour s'opposer à ce que le rapport se fasse en fraude de leurs droits et de l'art. 882 qui est conçu dans les termes les plus généraux. « Les créanciers d'un copartageant, dit-il, pour éviter que le partage soit fait en fraude de leurs droits, peuvent s'opposer à ce qu'il y soit procédé hors de leur présence; ils ont le droit d'y intervenir à leurs frais, mais ils ne peuvent attaquer un partage consommé, à moins toutefois qu'il n'y ait été procédé sans eux et au préjudice de l'opposition qu'ils auraient formée. »

74. On conçoit toutes les fraudes que peuvent empêcher la présence et l'intervention des créanciers. Les copartageants peuvent s'entendre pour distribuer à celui d'entre eux qui a des créanciers, des effets mobiliers faciles à soustraire à leur action; ils peuvent faire rapporter au débiteur l'immeuble qu'il a hypothéqué, en sorte que, l'effet du rapport étant de faire rentrer l'immeuble dans la masse, franc et quitte de toutes charges, la garantie du créancier s'évanouira, etc. Telles seront les fraudes que la présence des créanciers pourra empêcher. — Leur intervention leur donnera aussi cet avantage de pouvoir, dans le cas où les immeubles ne sont pas commodément partageables, et en conséquence devront être licités, appeler des étrangers à la licitation.

75. Les créanciers qui n'ont pas fait opposition à ce que le partage ait lieu hors de leur présence, ou qui ne

sont pas intervenus pendant la durée des opérations, ne peuvent plus attaquer en leur nom personnel le partage consommé : ils n'ont plus que le droit d'exercer les actions de leur débiteur, aux termes de l'article 1166, et de critiquer le partage, dans les cas où leur débiteur lui-même serait admis à le faire.

Mais les copartageants doivent évidemment justifier que les prétentions des créanciers ne sont pas fondées ; ils doivent prouver que leur opposition ou leur intervention est réellement postérieure à la date du partage, et ils feront cette preuve en apportant un acte de partage qui a date certaine. En l'absence de cette preuve, les créanciers sont parfaitement admis à justifier leur prétention et à prouver que le partage est postérieur à leur intervention. On ne peut pas dire que le défaut de date certaine ne peut être opposé que par des tiers, et que les créanciers du copartageant ne sont pas des tiers, puisqu'ils sont les ayants cause de leur débiteur. Nous savons que les ayants cause d'une personne sont ceux qui agissent comme la représentant, comme exerçant ses droits. Or, dans notre espèce, les créanciers agissent, non pas comme représentant le débiteur, mais en leur nom personnel, et dès lors l'article 1328 ne leur est pas opposable.

76. L'article 882 est aussi applicable aux partages de communauté. Les termes de l'article 1476 sont très-généraux, et il est aussi facile pour les créanciers de connaître le moment de la dissolution de la communauté que celui de l'ouverture de la succession (1). Le même raisonnement ne peut pas se faire pour la dissolution d'une société civile, les tiers peuvent très-bien en ignorer

<hr>

(1) Proudhon, Usufruit, t. IV, n° 2377 ; M. Zachariæ, t. II, p. 347, note 20.

l'époque, surtout quand elle n'a pas de siége fixe. Nous pensons donc qu'il ne faut pas étendre l'article 882 aux partages de société, et ce qui vient encore à l'appui de notre opinion, c'est que l'article 1872 est beaucoup moins large dans ses termes que l'article 1476 (1).

77. Pour trouver une seconde exception au principe de l'art. 1167, le Code nous renvoie au titre du contrat de mariage, et pourtant on ne rencontre pas, dans les nombreux articles de ce titre, l'exception annoncée par l'art. 1167. Proudhon croit pourtant en trouver la trace dans l'art. 1446 qui dit : « Les créanciers personnels de » la femme ne peuvent, sans son consentement, deman- » der la séparation de biens. » Mais il est facile de voir qu'il ne s'agit pas dans ce titre de l'action révocatoire. Il n'y a pas d'acte à faire résilier, il y a simplement une inaction de la femme qui ne demande pas sa séparation de biens, inaction dont les créanciers ne peuvent pas pré-venir les effets en agissant pour leur débitrice. C'est une exception à l'art. 1166. La loi voulant empêcher autant que possible, entre les époux, des discussions d'intérêt toujours irritantes, a, par un motif d'ordre public, et pour assurer la paix du ménage, considéré le droit de demander la séparation de biens comme exclusivement attachée à la personne. Voilà l'explication de l'art. 1446, qui n'a aucun rapport avec l'art. 1167.

78. Si l'on admet, comme nous l'avons vu, que l'art. 882 s'applique aux partages de communauté, on pourra voir, dans le renvoi fait par l'art. 1476 aux règles des successions en matière de partage, la modification aux principes que nous recherchons en ce moment.

***

(1) M. Troplong, Société, n° 1061 ; Cassat., 20 nov. 1834.

79. C'est dans les art. 872 et 873 du Code de procédure civile que nous trouvons, en matière de contrat de
mariage, une exception certaine aux règles de l'action
Paulienne. Ces articles décident que si la femme, qui a
obtenu la séparation de biens, remplit certaines conditions de publicité, les créanciers n'auront, pour attaquer
le jugement, que le délai d'un an, au lieu du délai ordinaire de trente ans. Sa modification porte donc sur la
durée de l'action. Nous l'examinerons en détail lorsque
nous traiterons de la prescription de l'action révocatoire.

80. Il y a une espèce d'actes contre lesquels l'action
révocatoire n'est jamais exercée, parce qu'elle est inutile :
ce sont les dispositions testamentaires. Les créanciers
d'une succession sont toujours préférés, et avec très-
juste raison, aux légataires qui ne profitent des dispositions faites en leur faveur qu'après l'entier acquittement
des dettes du défunt (art. 809). C'est l'application de la
maxime romaine : *Nemo liberalis nisi liberatus.*

SECTION III.

DES CONDITIONS NÉCESSAIRES POUR L'EXERCICE DE L'ACTION RÉVOCATOIRE.

Nous avons vu qu'en droit romain, pour que l'action
Paulienne fût accordée, il était nécessaire qu'il y eût
préjudice causé aux créanciers, c'est-à-dire insolvabilité
créée ou augmentée, que ce fût en connaissance de cause
que le débiteur eût causé ce préjudice, et enfin que les
tiers fussent complices dans les actes à titre onéreux. Ces

conditions sont-elles les mêmes en droit français? Dans quels cas sont-elles exigées?

81. *Du préjudice.*— On s'accorde à considérer comme une condition indispensable de la révocation la constatation d'un préjudice pour les créanciers. Ils doivent prouver que l'acte qu'ils attaquent a, ou déterminé, ou augmenté l'insolvabilité de leur débiteur, et ils seraient repoussés si l'on établissait entre eux que le mauvais état de ses affaires n'est dû qu'à des événements postérieurs à l'acte attaqué. L'insolvabilité doit, de plus, exister encore au moment où la demande en révocation est intentée; car l'action Paulienne est essentiellement subsidiaire; elle n'est donnée qu'autant qu'on a constaté l'insuffisance des biens du débiteur.

Comment se constatera l'insolvabilité? Par la discussion des biens du débiteur. C'est par ce moyen que sera bien justifiée l'impossibilité de payer intégralement les créanciers et le droit pour eux de recourir à l'action révocatoire. S'ils n'ont pas fait cette discussion, les tiers qui ont contracté avec le débiteur pourront toujours leur dire que l'insolvabilité n'est pas constatée, et leur opposer ainsi une fin de non-recevoir, qui a de l'analogie avec le bénéfice de discussion accordé à la caution.

Quelques auteurs en ont conclu que le défendeur qui requerra la discussion devra indiquer au créancier les biens du débiteur, et avancer les deniers suffisants pour faire la discussion (1). Nous ne croyons pas qu'il s'agisse ici du bénéfice de discussion; le mot même de *bénéfice de discussion* implique une idée de faveur accordée aux personnes qui peuvent l'opposer. Ici ce n'est pas une

___

(1) M. Copmas, p. 48; M. Duvergier, sur Toullier, t. VI.

exception de faveur, c'est un droit rigoureux qu'invoquent les personnes intéressées. Nous croyons que le bénéfice de discussion n'existe que pour les personnes qui, légalement tenues, et pouvant être légalement poursuivies par un créancier, ont le privilége d'opposer la discussion à titre de faveur, et sous certaines conditions.

Mais le créancier qui veut faire tomber, quant à lui, un acte qui lui est préjudiciable en allégnant la fraude, se trouve en présence d'un tiers éminemment favorable, qui ne fait que se prévaloir de son droit, en obligeant le créancier à faire preuve de ce qu'il avance, c'est-à-dire à démontrer et le préjudice et l'intention de le causer. Or, le créancier ne peut prouver le préjudice qu'en discutant les biens de son débiteur ; ce sera donc à lui à les rechercher et à avancer les frais nécessaires, et ce sera le procès-verbal de carence qu'il apportera qui établira nettement l'existence du préjudice (1).

Il nous semble cependant que ce système, dont nous admettons pleinement le principe, doit recevoir un certain tempérament d'équité. Il ne faut pas que cette exception de discussion devienne pour le débiteur un moyen de fraude. Ainsi, si nous supposons qu'il ne garde par devers lui que des biens litigieux ou situés en pays étranger, dont la discussion sera très-difficile, pour ne pas dire impossible, et qu'il aliène tous les autres, les tiers acquéreurs, profitant de cette manœuvre, pourront-ils sans cesse renvoyer les créanciers à un patrimoine qu'ils ne peuvent saisir ? En pareil cas, il sera de toute justice de considérer l'insolvabilité comme suffisamment établie par les créanciers. Cette doctrine, dont l'origine remonte à

(1) Proudhon, t. IV, n° 2400 ; Toullier, t. VI, n°ˢ 344 et suiv. ; M. Duranton, t. X, n° 572-3ᵐ.

l'ancienne jurisprudence, a été admise par un arrêt de la Cour de cassation du 22 juillet 1835 (1).

82. *De l'intention frauduleuse chez le débiteur.*—Cette intention est-elle nécessaire dans notre droit pour la révocation de toute espèce d'actes? Nous avons déjà vu qu'une controverse animée existait sur ce point chez nos anciens auteurs; que Boutaric, de Serres, Furgole, demandaient seulement la constatation du préjudice pour admettre l'action révocatoire contre les renonciations; que Ricard et Pothier, au contraire, suivant les principes du droit romain, voulaient qu'il y ait eu et préjudice et fraude dans l'acte attaqué. Où se trouve la pensée véritable du législateur? Est-ce dans l'article 1167, au siége de la matière? Est-ce, au contraire, dans les articles 662, 788 et 1053, qui portent évidemment la trace d'une autre inspiration? Ou bien encore faut-il dire que les rédacteurs du Code n'ont pas eu, sur ce point, de théorie unique et générale, et qu'ils ont admis des décisions diverses destinées à régir des situations différentes? Bien des systèmes se sont présentés sur ce point; nous allons les examiner.

83. Le premier système consiste à n'exiger la fraude que dans le cas d'aliénation à titre onéreux, en admettant, au contraire, que dans les actes de libéralité le simple préjudice suffira, quoiqu'il y ait eu bonne foi de la part du donateur. Nous savons déjà que ce système n'était pas admis à Rome; la tradition historique lui manque donc, ou plutôt il n'a pour lui à ce point de vue

____

(1) Sir., 36. 1, 340. — Voy. aussi Loyseau, De la garantie des rentes, ch. 9, n°ˢ 14, 17 et 18; Brodeau, sur Louet, let. D, ch. 49, let. H, ch. 9; Duv., sur Toullier, t. VI, n° 345 (note *a*); Zachariæ, t. II, p. 313 (note 8).

qu'une opinion particulière à Gaïus (1), en ce qui touche l'interprétation de la loi *Ælia Sentia*. Il se fonde sur le texte des articles 622, 788, 1053, qui n'exigent que le préjudice. A la vérité, l'article 1464 n'est pas rédigé dans des termes semblables et demande la fraude ; mais quelle apparence que le législateur se soit, sur ce point isolé, écarté de la théorie générale ? Pourquoi aurait-il traité la renonciation à la communauté d'une autre manière que la renonciation à une succession ? C'est donc par erreur, disent les partisans de ce système, que le mot *fraude* s'est glissé dans l'article 1464. Enfin, ajoutent-ils, l'équité veut que, dans la lutte engagée entre les créanciers et les donataires, l'avantage soit assuré aux premiers, puisqu'il s'agit pour eux d'éviter une perte, et que les donataires combattent au contraire pour faire ou conserver un gain (2).

Ces motifs ne nous ont pas paru suffisants pour adopter un système qui est en contradiction manifeste avec deux articles du Code dont l'un est destiné à contenir la règle générale. Quant à l'argument tiré des articles 622, 788 et 1053, il perd singulièrement de sa force en présence de l'explication historique que nous donnerons plus bas de leur rédaction, d'après les documents originaux.

Le mot *préjudice* n'a été admis, dans ces articles, qu'afin de laisser intacte une question qu'on ne voulait résoudre qu'au titre *des Obligations*, au siége de la matière. Aussi, l'art. 1464, voté postérieurement à l'adoption de l'art. 1167, a-t-il été rédigé confor-

---

(1) L. 10. D., *qui et a quib. manumit. non poss.*

(2) *Sic*, Delvincourt, t. II, p. 524 ; MM. Duranton, t, X, n° 577 ; Troplong, Prescription, t. I, n° 102 ; Duvergier, sur Toullier, t. VI, p. 228 ; Zachariæ. t. II, p. 345.

mément au principe général admis, et ce n'est pas par une simple inadvertance des rédacteurs qu'on peut y expliquer la présence du mot *fraude*. Reste la raison d'équité que l'on invoque : nous ne saurions l'admettre, même en législation ; les créanciers, dit-on, *certant de damno vitando*, les donataires, *de lucro captando*. La seule conséquence qu'on doive en tirer, c'est qu'il ne sera pas nécessaire de prouver la complicité de la fraude chez le donataire, comme il serait nécessaire de la prouver chez le tiers acquéreur à titre onéreux. Donc, sans nier absolument que cette différence dans la position respective des créanciers et des donataires ne soit de nature à amener d'importantes conséquences, nous ne pensons pas que le moment soit venu de s'en préoccuper. Nous avons, en effet, suffisamment prouvé qu'en admettant ce premier système on tomberait dans une confusion de la lésion d'intérêts et de la lésion de droits, et que, par conséquent, toute base manquerait à l'action des créanciers contre les donataires de bonne foi.

84. *Deuxième système.* — Ce système est moins général que le précédent et plus conforme aux textes. Il n'applique qu'aux renonciations purement gratuites à un droit la règle que, dans le premier système, on étend à tous les actes à titre gratuit ; et c'est pour les renonciations seules qu'il considère les créanciers comme dispensés de prouver la fraude du débiteur. Suivant les défenseurs de cette opinion (1), les renonciations à un droit emportent avec elles une idée d'intention malveillante pour les créanciers, qu'on ne trouve pas au même degré dans les donations ; c'est ce qui a déterminé les

(1) MM. Duc., Bonn. et Roust., t. II, p. 154 ; Demante, Cours analyt, t. II, n° 471 *bis*.

rédacteurs du Code à adopter une règle particulière pour ce genre d'actes, règle écrite à plusieurs reprises dans les art. 622, 788 et 1003. On ne peut plus douter de cette volonté du législateur, quand on étudie les travaux préparatoires du Code. Cette assertion nous oblige à exposer avec quelque développement la série des changements qu'ont subis les principaux textes qui nous occupent : cet examen nous sera, du reste, très-utile pour appuyer l'opinion que nous pensons la plus conforme aux idées de notre législation.

Le projet de la commission de l'an VIII contenait deux dispositions correspondantes à nos art. 622 et 788. Le tribunal de cassation, en examinant le projet, proposa une rédaction nouvelle de ces deux textes, en accompagnant ces modifications d'observations propres à les justifier. Nous allons présenter en regard les deux projets :

Articles du projet de la commission.	*Articles et observations du tribunal de cassation.*
Art. 43, liv. II, tit. III, sect. 3 (art. 622, C. Nap.) :	« Si la renonciation (de l'usufruitier est faite au *préjudice* des créanciers, ils peuvent la faire annuler.
Si la rénonciation (de l'usufruitier) est faite en *fraude* des créanciers de l'usufruitier, ils peuvent la faire annuler (1).	» La fraude suppose *consilium et eventus;* or, ne suffit-il pas que, par l'événement, une renonciation porte préjudice aux créanciers, quoiqu'elle ne soit pas frauduleuse par l'intention du renonçant, pour qu'il y ait lieu à la faire annuler (2)?

(1) Fenet, t. II, p. 113.
(2) Fenet, t. II, p. 545.

Art. 93, liv. III, t. 1, ch. 6, sect. 2 (788, C. Nap.) :

« Les créanciers de celui qui renonce *en fraude et au préjudice* de leurs droits peuvent attaquer la renonciation et se faire autoriser en justice à accepter la succession du chef de leur débiteur et en son lieu et place.

» Dans ce cas, la renonciation n'est annulée qu'en faveur des créanciers et jusqu'à concurrence seulement du montant de leurs créances ; elle ne l'est pas au profit de l'héritier qui a renoncé (1). »

« Les créanciers de celui qui renonce *au préjudice* de leurs droits peuvent attaquer... »

(*Le reste comme au projet de la commission.*)

» La fraude du renonçant, qui suppose à la fois *consilium et eventus*, ne doit pas être exigée pour que les créanciers puissent attaquer la renonciation ; il doit suffire qu'en résultat elle leur soit *préjudiciable* (2). »

La pensée du tribunal était très-clairement énoncée dans ses observations. Il voulait qu'on supprimât le mot *fraude*, parce que le *préjudice* seul devait suffire dans les renonciations ; il désirait faire admettre dans le Code la doctrine de Furgole, de préférence à celle de Pothier, que les membres de la commission avaient reproduite dans leur projet. Son avis prévalut, le conseil d'État adopta pleinement la rédaction qu'il avait proposée, et

(1) Fenet, t. II, p. 140.
(2) Fenet, t. II, p. 570.

qui est celle des art. 622 et 788. L'art. 1008 fut aussi voté dans un sens et avec des expressions conformes à celles des deux précédents articles. N'est-ce pas là, disent les partisans du deuxième système, l'indice certain d'une théorie générale admise par les rédacteurs du Code en matière de renonciations, théorie dont l'idée est puisée dans les observations du tribunal de cassation, qui ne permettent aucune équivoque ? Si la rédaction de l'art. 1464 est en contradiction avec celle des articles précédents, ce ne peut être qu'une inadvertance du législateur ; et quand on connaît d'une manière certaine l'idée générale qui l'a guidé dans la confection de son œuvre, il est permis de réparer pour lui une faute de rédaction et d'entendre le mot *fraude* dans l'article 1464 comme synonyme de *préjudice*.

85. Ce système a, comme le précédent, le défaut d'aller chercher dans des décisions isolées, rendues sur les cas spéciaux, un principe général qui doit surtout se rencontrer là où le législateur a posé les bases de sa théorie. C'est dans l'art. 1167 qu'il faut d'abord aller chercher la solution de notre problème, et on ne doit recourir aux articles de détail que si l'on ne trouve pas d'une manière certaine, dans le travail de sa rédaction, l'esprit de notre législation. Mettons donc en regard le projet de la commission et celui du tribunal de cassation.

Article du projet de la commission.	*Article et observation du tribunal de cassation.*
Art. 62, liv. III, tit. II, sect. 5 (art. 1167, C. Nap.) :	« Ils (les créanciers) peuvent aussi en leur nom personnel attaquer tous actes faits par le débiteur *en fraude* de leurs droits.
« Ils (les créanciers) ne peuvent attaquer, sous *prétexte de fraude* à leurs droits, les actes	droits.

faits par leur débiteur que dans les deux cas suivants :

1° Lorsqu'il s'agit d'actes réprouvés par la loi concernant les faillites ;

2° Lorsqu'il s'agit d'une renonciation faite par le débiteur à un *titre lucratif tel qu'une succession ou une donation*, à la charge par les créanciers de se faire subroger aux droits de leur débiteur et de prendre sur eux tous les risques et toutes les charges du titre qu'ils acceptent de son chef (1). »

» Sont toujours *réputés faits en fraude* des créanciers les actes réprouvés par la loi concernant les faillites, ainsi que les renonciations faites par le débiteur *à un titre lucratif tel qu'une succession ou une donation.*

» S'il s'agit d'une renonciation à un titre lucratif, les créanciers qui veulent faire annuler cette renonciation doivent se faire subroger aux droits de leur débiteur, et prendre sur eux tous les risques et toutes les charges du titre qu'ils acceptent à sa place.

» *Observation.* — Le changement proposé n'a pour objet que d'exprimer, d'une manière qu'on croit plus précise, le vœu des auteurs du projet (2). »

Certes, la rédaction du projet était bien peu claire, et si l'article du tribunal de cassation n'était que la traduction de l'idée qu'elle renfermait, il faut reconnaître que cette idée avait été soigneusement dissimulée. D'un autre côté, si l'on suit le sens naturel des mots, on ne comprend pas pourquoi les membres de la commission auraient voulu proscrire, sauf deux cas, l'action révocatoire. Mais sans chercher à pénétrer cette énigme, qu'il nous suffise de constater que le projet exigeait la fraude dans les cas où il admettait la révocation. Au contraire, le tribunal de

(1) Fenet, t. II, p. 168.
(2) Fenet, t. II, p. 587.

cassation supprimait cette nécessité, et établissait une présomption de fraude pour la renonciation à titre lucratif ; il posait ainsi la base générale du système dont il avait déjà fait admettre plusieurs applications, et qui formait par ce moyen un ensemble parfait.

Au conseil d'État un premier projet fut présenté par M. Bigot-Préameneu, le 11 brumaire an XII. On y scindait l'article unique du tribunal de cassation en deux parties, formant les art. 62 et 63 du projet.

Art. 62. Ils (les créanciers) peuvent aussi, en leur nom personnel, attaquer tous actes faits en fraude de leurs droits.

Art. 63. Lorsqu'un débiteur a renoncé à une succession, le créancier peut l'accepter du chef de son débiteur.

Ce qu'il y a de remarquable dans cette nouvelle rédaction, c'est qu'après avoir reproduit textuellement le premier alinéa de la rédaction nouvelle proposée par le tribunal de cassation, on a fait disparaître le paragraphe dans lequel le tribunal avait posé la base d'une théorie nouvelle en matière de renonciation. Il fallait, si l'on admettait la doctrine du tribunal de cassation, l'établir en principe général, on ne pouvait se contenter de quelques dispositions éparses dans le Code ; c'est ce qu'avaient parfaitement compris les auteurs eux-mêmes de cette doctrine, lorsqu'ils avaient rédigé leur projet. Mais quand les rédacteurs du Code sont arrivés à la discussion sérieuse du principe qui s'y trouvait formulé, ils l'ont rejeté, ne l'ont plus reproduit dans leur nouvelle rédaction et ont effacé toute présomption de fraude dans les renonciations. Il est impossible d'expliquer autrement cette suppression du second paragraphe. Au conseil d'État, l'art. 62 fut adopté comme projet définitif ; en même temps, l'art. 63 fut effacé à la suite de la discussion sur la section dans la séance du 16 frimaire an XII. Cela était juste ; il établissait pour les créanciers le droit d'accepter du chef de leur débiteur les successions auxquelles il avait renoncé ; ce droit était déjà écrit dans l'art. 788, Quant aux conditions de révocation de la renonciation, cet art. 63 ne s'en occupait nullement ; ce principe était posé dans l'art. 62 ; c'est à lui qu'il fallait recourir. Il faut donc reconnaître que le conseil d'État s'est écarté de la doctrine du tribunal de cassation, pour revenir à l'ancien projet de la commission, qui exigeait indistinctement la preuve de la fraude.

Le système que nous étudions ne peut donc pas s'appuyer, comme il le fait, sur les travaux préparatoires du Code ; il a de plus le tort grave d'être, ainsi que le premier, en contradiction formelle avec l'article 1464 dont il est obligé de changer les termes.

86. *Troisième système.* — Le troisième, présenté par M. Capmas, lui est personnel : c'est le système de l'interprétation littérale. Ainsi il présume la fraude dans les cas énumérés aux articles 622, 788, 1053 ; il en exige au contraire la preuve, de la part du créancier, pour la renonciation à la communauté. Il s'appuie sur les raisons qui ont amené un changement de rédaction dans les articles 622, 788 et 1053, et y voit la volonté certaine d'établir une présomption de fraude ; mais nous croyons avoir montré que ces articles n'étaient pas l'expression d'une théorie arrêtée dans l'esprit des rédacteurs du Code. Ce troisième système a l'avantage de ne pas être en contradiction avec les termes de l'article 1464 ; mais alors pourquoi donc cette différence entre l'art. 788

et l'article 1464 ? Pourquoi cette distinction si notable entre les conditions de révocation de deux actes semblables ? C'est ce qu'on ne peut expliquer d'une manière satisfaisante ; et on fait ainsi encourir au législateur le reproche très-juste de n'avoir eu aucune unité dans les vues, aucune harmonie dans les plans.

87. *Quatrième système.* — Nous adopterons le quatrième système enseigné par Proudhon et professé à la faculté de Paris par MM. Bugnet et Valette. Il consiste à exiger toujours la fraude ; l'article 1167 contient le principe général de la matière, qui est le même que chez les Romains. Il est peu probable, en effet, que le législateur ait voulu établir plusieurs théories sur une seule matière, qu'il ait subordonné la révocation des actes faits par le débiteur tantôt à la double condition du préjudice et de la fraude, tantôt à la seule condition du préjudice. On doit admettre, au contraire, qu'il a établi une théorie unique, applicable à tous les actes ; or où trouver cette théorie, si ce n'est dans l'article 1167 ? On a vu par l'historique abrégé que nous avons présenté qu'il y avait lutte engagée entre deux systèmes, celui de la commission et celui du tribunal de cassation. Le premier exigeait la fraude dans tous les cas ; le second faisait exception pour les renonciations à titre gratuit. Ce dernier, après avoir, sans aucun doute, influé sur la rédaction des articles 622, 788 et 1053, succomba définitivement dans la séance du 16 frimaire an XII, dans laquelle fut adopté l'article qui porte aujourd'hui le numéro 1167 et qui domine toute la matière. Les rédacteurs du Code omirent, il est vrai, de reprendre les articles précédents pour les mettre en harmonie avec la théorie générale qui venait d'être irrévocablement fixée. Mais ,

sans parler d'un oubli, ne peut-on pas dire qu'à leurs yeux ces articles n'avaient pas tranché la question, et que plutôt elle y avait été réservée? Le préjudice y était exigé, mais la nécessité de prouver la fraude n'était pas exclue. D'ailleurs, la discussion de l'article 1167 mit évidemment fin aux hésitations du législateur, qui ne s'est plus écarté de son principe après l'avoir adopté, comme le prouve l'article 1164, dont le quatrième système peut seul donner une interprétation satisfaisante. Dans notre ancien droit, ce système était enseigné par Pothier, guide habituel des rédacteurs du Code, surtout dans la matière des obligations.

On ne s'étonnera donc pas qu'ils aient préféré sa doctrine à celle que le tribunal de cassation empruntait à Furgole.

88. Quelques personnes, admettant du reste en principe le système que nous avons présenté en dernier lieu, croient y voir une dérogation dans l'art. 1053.

89. Elles se fondent d'abord sur les termes étroits de l'art. 1053, où rien ne fait allusion à la condition de la fraude : « L'abandon anticipé de la jouissance au pro- » fit des appelés ne pourra préjudicier aux créanciers du » grevé antérieurs à l'abandon. » Elles s'autorisent en- core de l'art. 42 de l'ordonnance de 1747, ainsi conçu : « La restitution du fidéicommis, faite avant le temps » de son échéance, par quelque acte que ce soit, ne » pourra empêcher que les créanciers du grevé de sub- » stitution qui seraient antérieurs à la remise ne puis- » sent exercer sur les biens substitués les mêmes droits » et actions que s'il n'y avait point eu de restitution an- » ticipée. » Ses défenseurs ajoutent enfin que Furgole, dans son Commentaire sur les substitutions, et avec lui

plusieurs jusrisconsultes du temps, donnaient à ce dernier article le même sens qu'eux-mêmes voudraient aujourd'hui faire reconnaître à l'art. 1053.

Ces arguments sont loin de nous convaincre. D'une part, nous avons déjà donné des termes de l'art. 1053 une explication qui lui est commune avec les art. 622 et 788. D'autre part, l'autorité de l'ancien droit n'est pas ici très-grande ; car il était loin de présenter, sur ce point, une unanimité de doctrine. Pothier interprétait tout autrement que Furgole l'ordonnance de 1747, dans laquelle il ne voyait aucune exception aux principes du droit romain. Enfin ce cinquième système ne prête-t-il pas au législateur une lourde inconséquence, en lui faisant régler d'une manière différente l'abandon anticipé des biens compris dans une substitution et la renonciation à un usufruit, c'est-à-dire deux hypothèses parfaitement identiques au point de vue de notre théorie ?

90. Les auteurs sont très-divisés sur la manière dont il faut entendre l'art. 2225 du Code Napoléon, et son interprétation a donné lieu à différents systèmes. Cet article est ainsi conçu : « Les créanciers ou toute autre » personne ayant intérêt à ce que la prescription soit ac- » quise, peuvent l'opposer, encore que le débiteur ou le » propriétaire y renonce. » Les uns voient dans notre article une application particulière de la règle de l'art. 1167. Les créanciers, selon eux, peuvent invoquer la prescription à laquelle leur débiteur a renoncé, à condition de prouver que cette renonciation leur est préjudiciable, et qu'elle est faite en fraude de leurs droits.

91. Les autres pensent que, dans cet article, le législateur a établi une présomption de fraude, et qu'il suffit

que la renonciation soit préjudiciable aux créanciers pour qu'ils puissent l'attaquer (1).

92. Dans un troisième système, notre article créerait au profit des créanciers un droit particulier, un droit exceptionnel qui aurait pour but de les protéger contre les scrupules plus ou moins bien fondés de leurs débiteurs. Dans cette opinion, les créanciers ne sont pas tenus de constater l'insolvabilité de leur débiteur en discutant ses biens ; ils n'ont à prouver ni la fraude ni le préjudice. Il leur suffit de se trouver en présence d'une prescription acquise par leur débiteur pour pouvoir invoquer cette prescription.

93. Une dernière opinion s'appuie sur le texte de l'article 2225. Les auteurs qui la soutiennent font remarquer que le verbe *renonce* est au présent. Ce n'est donc que lorsque le sort de la prescription n'a pas été réglé que les tiers intéressés peuvent faire ce que leur débiteur ne veut pas faire ; mais il ne doit pas leur être permis de demander de leur chef l'annulation de la prescription une fois qu'elle a été consommée. On ne peut considérer comme un acte frauduleux le refus de la part d'un débiteur de profiter de la prescription quand il croit qu'elle est mal fondée et qu'il reconnaît l'existence de sa dette (2).

94. Selon nous, l'art. 2225 n'est autre chose que l'application de l'art. 1166, qui permet aux créanciers d'exercer les droits et actions de leur débiteur, et notre article laisse complétement intacte la question de l'annulation de la prescription à la laquelle le débiteur a frauduleusement renoncé.

(1) M. Troplong, Prescription, t. I, n° 102; M. Duranton, t. XXI, n° 150.
(2) M. Vazeille, t. I, n° 352.

On sait que la prescription n'est autre chose que la présomption légale d'une cause légitime d'acquisition ou de libération d'un droit. Il peut se faire qu'elle soit injuste, et la loi donne au débiteur le droit d'y renoncer; il y a donc évidemment dans la prescription un certain côté moral qui touche à la conscience. En conséquence, on pouvait se demander si c'était là un droit faisant partie du patrimoine du débiteur ou spécialement attaché à sa personne, et selon la décision que l'on adopterait, la prescription devrait tomber sous l'application de l'article 1166 ou lui rester étrangère. Telle est évidemment l'idée qui a inspiré les rédacteurs du Code, et l'on n'en saurait douter en lisant le discours de M. Bigot-Préameneu au conseil d'État.

« Ce serait, dit-il, une erreur de croire que la prescription n'a d'effet qu'autant qu'elle est opposée par celui qui a prescrit, et que c'est au profit de ce dernier une faculté personnelle. La prescription établit ou la libération ou la propriété. Or, les créanciers peuvent, ainsi qu'on l'a déclaré au titre des obligations, exercer les droits et actions de leur débiteur, à l'exception de ceux qui sont exclusivement attachés à sa personne. La conséquence est que les créanciers peuvent opposer la prescription, encore que le débiteur ou le propriétaire y renonce. »

Ainsi, dans la pensée du législateur, la prescription n'est pas un droit exclusivement attaché à la personne; c'est un droit faisant partie du patrimoine du débiteur que ses créanciers peuvent exercer en son nom; ce qui vient encore, ce nous semble, corroborer cette interprétation, c'est le texte même de notre article 2225; c'est la manière dont il est rédigé, surtout quand on vient à le comparer aux autres articles qui ont trait aux actes accomplis faits en fraude des créanciers.

Dans l'art. 622, il est dit que les créanciers peuvent faire *annuler* la renonciation que le débiteur aurait faite à leur *préjudice*. L'art. 788 emploie aussi les mêmes termes en parlant d'une renonciation à l'hérédité. L'article 1053 suppose également une renonciation à la substitution et un préjudice causé. Il en est de même dans l'art. 1464. Dans notre article, au contraire, il n'est question ni de fraude, ni de préjudice; il est dit simplement que les créanciers peuvent opposer la prescription.

Quant à ces mots, *encore que le débiteur y renonce,* ils signifient, selon nous, encore que le débiteur n'exerce pas la prescription, et ce qui nous confirme dans cette interprétation, c'est que, quelques lignes plus haut, il est dit : La renonciation à une prescription est expresse ou tacite; la renonciation tacite résulte d'un fait qui suppose l'abandon d'un droit. Or, en réalité, toutes les fois que l'on n'invoque pas la prescription, on est en train d'y renoncer : nous croyons que c'est ce cas qu'a prévu notre article.

Si nous supposons la renonciation accomplie, la prescription perdue pour le débiteur, les créanciers ne peuvent plus l'exercer au nom de leur débiteur, puisque ce droit est sorti de son patrimoine; il leur reste la ressource de l'art. 1167; et si la renonciation a été faite en fraude de leurs droits, ils pourront la faire annuler, en prouvant que l'acte leur a été préjudiciable et qu'il est frauduleux.

On objecte que dans ce système l'art. 2225 est superflu, puisqu'il n'a trait qu'à un cas particulier de l'article 1166. Nous répondons à cela que, dans l'opinion des rédacteurs du Code, il n'était pas superflu, puisqu'il avait précisément pour but de trancher la question de savoir si le droit d'invoquer la prescription était un droit personnel au débiteur ou un droit que ses créanciers pourraient exercer.

95. Quel caractère doit-on donner à la constitution de dot au point de vue de l'action révocatoire? Est-ce un acte à titre onéreux ou à titre gratuit? Nous avons déjà vu qu'en droit romain l'acquisition *dotis causa* était considérée comme faite à titre onéreux vis-à-vis du mari, et qu'on ne pouvait lui en enlever le bénéfice qu'en prouvant qu'il était complice de la fraude. Au contraire, la femme, aux yeux des jurisconsultes romains, recevait sa dot à titre purement gratuit; et on pouvait contre elle obtenir la révocation, quelle que fût du reste sa bonne foi.

Nous adoptons avec presque tous les auteurs et plusieurs arrêts (1) la doctrine romaine. La constitution de dot est un acte complexe qui renferme deux contrats : l'un entre le constituant et la femme; l'autre entre la femme et le mari. Ce dernier est évidemment à titre onéreux : le mari reçoit de la femme les biens à elle donnés et le droit d'en jouir; comme équivalent, il s'oblige à supporter toutes les charges du mariage. Le mari est donc un véritable sous-acquéreur à titre onéreux, et comme tel, suivant une doctrine que nous exposerons bientôt, à l'abri des poursuites des créanciers, en supposant, bien entendu, qu'il soit de bonne foi.

Quant au contrat intervenu entre le constituant et la femme, comment y voir autre chose qu'une libéralité?

(1) Merlin, Répert., vᵒ Dot, § 8 nᵒ 7, § 15, nᵒ 4; Toullier, t. XIV, nᵒ 90; M. Duranton, t. X, nᵒ 500; M. Zachariæ, t. II, p. 345, note 15; M. Duvergier, sur Toullier, t. VI, nᵒ 228; Bordeaux, 2 mai 1820; Rouen, 3 juillet 1828.

Quel équivalent reçoit le donateur? Qui l'oblige à doter?
Il est vrai que la femme en se mariant se condamne
peut-être à des charges assez lourdes, c'est ce qui a déterminé la loi à entourer la constitution de dot d'une faveur plus grande que les autres donations, à accorder,
par exemple, à la femme le bénéfice de la garantie; mais
cela n'empêche pas la constitution de dot d'être une véritable libéralité, soumise, comme la donation, à la ré-
duction, au rapport, à la révocation pour cause de sur-
venance d'enfants.

Que deviennent les droits des créanciers, la bonne foi
publique et la sécurité des transactions, si la loi, sous
prétexte d'un prétendu intérêt social, ouvre elle-même
la porte la plus large à la fraude et assure l'impunité au
débiteur qui aura frustré ses créanciers? La preuve de la
complicité de la fraude chez une jeune fille mineure,
inexpérimentée, sera presque toujours impossible; dès
lors nul moyen d'arriver à la révocation. Un père qui voit
sa fortune sur le point de passer aux mains de ses créanciers s'empressera de la donner à sa fille; peut-être même
stipulera-t-il un droit de retour; des aliments, au moins,
lui seront toujours dus, et les biens que sa fraude a fait
passer dans les mains de sa fille serviront à les payer.
Notre ancienne jurisprudence avait bien compris la protection que méritaient les intérêts des créanciers. Entre
autres dispositions législatives (1), un édit de 1532,
art. 3, défendait aux pères financiers de donner une dot
à leurs filles au delà du dixième de leurs biens, à peine
d'amende arbitraire.

Nous n'avons plus qu'une dernière considération à in-

(1) Voir Déclaration du 22 novembre 1648.

voquer. L'autorité du droit romain est plus puissante lorsqu'il s'agit de l'action Paulienne qu'en toute autre matière. Le Code Napoléon s'est contenté d'énoncer le principe général de la révocation sans en régler aucune des applications. Les traditions du droit romain doivent donc encore aujourd'hui guider le jurisconsulte. Dans la loi 25, p. 1, l. 4, Vénuléius décide qu'à l'égard de la femme, la constitution de dot est à titre gratuit. Pourtant c'est là un point remarquable, contrairement au Code Napoléon, qui décide que l'enfant n'a pas d'action contre ses père ou mère pour un établissement par mariage ou autrement. Les lois Julia et Papia Poppea et plusieurs constitutions impériales (Code, l. V, t. 12, l. 14) imposèrent au père, au grand-père, et, dans certains cas, à la mère, l'obligation de doter leurs filles. La constitution de dot était donc, à Rome, l'exécution d'une obligation civile, et cependant elle était à titre gratuit à l'égard de la femme; comment peut-on dire, dès lors, que dans notre droit, où elle n'est l'exécution que d'une obligation naturelle, elle soit à titre onéreux ?

96. Les donations entre époux, faites durant le mariage, tombent aussi sous l'application des principes ordinaires de l'action révocatoire. Bien qu'elles soient révocables au gré du donateur, les créanciers ne peuvent pourtant les faire annuler qu'à la charge de prouver le préjudice et la fraude, parce que le droit de révocation est purement personnel à l'époux donateur, et ne peut pas être exercé par ses ayants cause.

97. *De la preuve de la fraude.* — C'est aux créanciers qui allèguent la fraude à la prouver, et ils peuvent pour cela avoir recours à toute espèce de moyens de preuve. Il s'agit ici d'un délit, et, en pareille matière, la loi

accorde liberté entière aux parties pour produire, soit des écrits, soit des témoins, soit de simples présomptions propres à porter la conviction dans l'esprit des juges (1).

98. La fraude chez le débiteur ne résulte pas seulement d'une volonté active, expresse, dirigée dans le but de nuire à ses créanciers, mais encore de la simple connaissance du préjudice qu'il doit leur causer par le résultat de l'acte qu'il se propose d'accomplir. En effet, il y a un véritable dol de la part du débiteur à faire naître ou à augmenter son insolvabilité par des actes qu'il sait être de nature à aggraver sa position, quand même il n'aurait pas pour but principal de nuire à ses créanciers. Quant à la question de savoir si le débiteur doit être ou non présumé connaître l'état de ses affaires c'est, selon nous, un simple point de fait que les juges devront apprécier d'après les circonstances.

99. Il n'y a pas preuve suffisante de la complicité des tiers dans ce fait, qu'ils connaissaient l'existence de dettes qui grevaient le patrimoine du débiteur, au moment où il s'est obligé envers eux. Ils pouvaient très-bien croire que son actif était supérieur à son passif. Il faut aussi, comme en droit romain, décider que l'action révocatoire ne saurait atteindre un créancier qui a été payé sans opposition, quand même il serait prouvé qu'il connaissait parfaitement le mauvais état des affaires du débiteur. Il n'a fait que recevoir ce qui lui était dû, ce qu'il avait le droit de demander et d'obtenir (2). Il en serait autrement, toutefois, si le débiteur était en faillite et avait été dessaisi de ses biens par le jugement déclaratif; il ne

---

(1) Art. 1348, C. Nap.

(2) Proudhon, Usufruit, t. IV, n° 2307; M. Zachariæ, t. II, p. 346, n° 17; M. Duvergier, sur Toullier, t. VI, p. 227, note 1.

peut alors améliorer la position d'aucun de ses créanciers au préjudice de la masse.

SECTION VI.

QUI PEUT EXERCER L'ACTION RÉVOCATOIRE.

100. Tous les créanciers du débiteur, quelle que soit leur position particulière, peuvent intenter l'action Paulienne, les créanciers hypothécaires ou privilégiés tout comme les créanciers chirographaires. Chaque créancier, avons-nous vu, a tout le patrimoine de son débiteur pour gage commun ; il peut en outre avoir des garanties particulières, mais ces garanties ne sauraient l'empêcher d'intenter l'action Paulienne en remplissant les conditions nécessaires, c'est-à-dire en prouvant le préjudice et l'intention de le causer.

101. Les créanciers qui n'ont contracté avec le débiteur que postérieurement à l'acte argué de fraude ne peuvent l'attaquer ; ce droit n'appartient qu'aux créanciers antérieurs qui seuls ont éprouvé un préjudice, qui seuls par conséquent peuvent en demander la réparation. Il est évident que ceux qui ont traité avec le débiteur depuis l'aliénation frauduleuse, par exemple, ne pouvaient compter pour leur payement sur un bien qu'ils ne voyaient pas dans son patrimoine. Cette déduction logique des principes de la matière est confirmée par l'article 1053 : « L'abandon anticipé de la jouissance au » profit des appelés ne pourra préjudicier aux créanciers » du grevé *antérieurs* à l'abandon. »

En effet, si le législateur a donné comme gage aux

créanciers les biens présents et à venir de leur débiteur, à coup sûr il ne leur a pas donné les biens passés.

102. Quant à la preuve de l'antériorité du titre, elle devra se faire suivant les règles de l'article 1328 du Code Napoléon.

Il peut arriver cependant qu'un acte soit préparé et concerté pour tromper les tiers qui contracteront ultérieurement avec le débiteur pour les dépouiller par avance de leurs droits sur une partie ou même sur la totalité de leur gage. Dans une espèce de ce genre, la Cour de cassation (1) a jugé que les créanciers postérieurs à l'acte frauduleux pouvaient obtenir la révocation. Ils réunissent, en effet, toutes les conditions pour agir; n'éprouvent-ils pas un préjudice? ne sont-ils pas victimes d'un acte frauduleusement dirigé contre eux? La jurisprudence de la Cour suprême nous semble donc tout à fait conforme aux principes.

103. Nous venons de voir qu'en général les créanciers antérieurs à la fraude ont seuls le droit d'intenter l'action Paulienne; mais ont-ils seuls le droit d'en profiter, ou doivent-ils partager avec les créanciers postérieurs le profit de la révocation obtenue sur leur demande? C'est une question fort controversée. Les auteurs qui admettent l'affirmative se fondent sur cette idée que l'action révocatoire fait rentrer les biens dans le patrimoine du débiteur, et que les biens une fois rentrés dans le patrimoine, tous les créanciers y ont forcément un droit légal, sauf le cas de privilége et d'hypothèque. Nous nous sommes décidé pour le système contraire, et voici les raisons qui nous ont déterminé.

(1) Voir la Gazette des Tribunaux du 12 février 1852.

L'effet de l'action Paulienne est, dit-on, de faire rentrer les biens aliénés dans le patrimoine du débiteur. Nous admettons volontiers ce résultat; mais la question est de savoir par rapport à qui ces biens rentrent dans le patrimoine du débiteur. Il est admis universellement que le débiteur en tout cas n'en profite pas. Personne, dit-on, ne peut profiter de sa propre fraude, il est également admis qu'il existe des nullités relatives, que tel acte, valable par rapport à telle personne, est nul par rapport à telle autre. Nous croyons que l'effet de l'action Paulienne est un effet purement relatif, que son but est de permettre aux créanciers lésés de réparer le préjudice qui leur a été causé, et ils arrivent à ce résultat en faisant tomber l'acte frauduleux, en faisant rentrer quant à eux les biens dans le patrimoine de leur débiteur; pour eux, mais pour eux seuls, le débiteur sera censé n'avoir jamais contracté. Eux seuls peuvent intenter l'action Paulienne, eux seuls doivent profiter de ses résultats.

On ne peut dire, ce nous semble, qu'interpréter ainsi l'art. 1167, c'est créer une cause de préférence qui n'existe pas dans la loi : il ne peut y avoir de droit de préférence que sur les biens du débiteur. Or, nous le répétons, les biens que le débiteur a aliénés frauduleusement ne font plus partie de son patrimoine, n'existent plus pour personne, ni pour lui ni pour ses créanciers, excepté pour ceux que sa fraude a lésés.

104. Il nous reste à nous demander si les créanciers conditionnels peuvent, avant la réalisation de la condition, intenter l'action Paulienne. Nous ne le croyons pas. Les créanciers sous condition peuvent, il est vrai, aux termes de l'art. 1180, exercer des actes conservatoires; mais il est difficile de voir un acte conservatoire dans le

fait d'intenter l'action Paulienne, qui est un acte d'exécution au moins par ses résultats.

105. Quant aux créanciers à terme, la question nous paraît plus douteuse. Le créancier à terme est certainement créancier : sa position n'est pas en suspens. D'après l'art. 1188, le débiteur ne peut plus réclamer le bénéfice du terme lorsqu'il a fait faillite ou qu'il a, par son fait, diminué les sûretés qu'il avait données par le contrat à son créancier. Il nous semble que l'esprit de la loi veut qu'en cas de fraude il soit décidé que le débiteur diminue les sûretés de son créancier, *fraus omnia corrumpit.*

SECTION V.

CONTRE QUI S'EXERCE L'ACTION PAULIENNE.

106. En droit français, l'action Paulienne ne saurait être dirigée contre le débiteur lui-même ou ses héritiers. Si le débiteur se rend coupable de fraude vis-à-vis de ses créanciers, ceux-ci ont certes une action contre lui ; mais elle est fondée simplement sur l'article 1382, sur ce principe que quiconque, par son fait, cause un dommage à autrui, est tenu de le réparer.

107. L'action révocatoire est donnée contre les tiers qui ont contracté avec le débiteur ; mais nous avons déjà dit que cette règle était soumise à des exceptions basées sur l'équité. Les créanciers ne réussiront dans leur action que si les tiers contractants ont été complices de la fraude, ou si, même de bonne foi, ils ont profité de l'acte frauduleux. La mauvaise foi des uns, la position des autres qui ne doivent rien perdre à la révocation, rendent

équitable le triomphe des créanciers qui veulent éviter une perte.

108. Les héritiers succédant d'une manière générale aux obligations du défunt, l'action Paulienne devra être donnée contre eux ; et comme elle n'a plus aujourd'hui un caractère pénal, elle pourra être délivrée contre les successeurs généraux *in solidum*, et non pas seulement jusqu'à concurrence du profit qu'ils ont retiré de l'acte frauduleux.

109. Mais la question capitale qui se présente ici est celle de savoir si cette action peut être aussi dirigée contre les sous-acquéreurs. Une vive controverse s'est engagée sur ce point. M. Zachariæ (1) décide que le titre des premiers acquéreurs se trouvant rétroactivement anéanti, les droits réels qu'ils ont pu concéder sur l'objet de leur acquisition disparaissent avec leur propriété même, puisque personne ne peut conférer plus de droits qu'il n'en a. Nous croyons, au contraire, que la doctrine romaine, qui avait passé dans notre ancien droit (2), doit être suivie encore aujourd'hui : le sous-acquéreur à titre onéreux sera protégé par sa bonne foi ; en effet, du moment qu'un premier acquéreur à titre onéreux ne peut pas être inquiété, quand il est exempt de fraude, du moment que sa bonne foi le met à l'abri, comment celle d'un sous-acquéreur ne produirait-elle pas le même effet (3) ? D'ailleurs, si le débiteur frauduleux peut transférer une propriété irrévocable au tiers acquéreur de bonne foi, pourquoi le tiers acquéreur de mauvaise foi

(1) Tom. II, p. 348, note 25.

(2) Domat, l. II, t. X, sect. 1, n° 3.

(3) M. Duranton, t. X, p. 582 ; Proudhon, Usufruit, n° 2412 ; M. Marcadé, t. IV, p. 441.

no pourrait-il pas, lui aussi, transférer une propriété irrévocable au sous-acquéreur de bonne foi? Quant au sous-acquéreur à titre gratuit, il succombera devant l'action Paulienne, s'il n'a lui-même acquis d'un acquéreur à titre onéreux, non complice de la fraude.

110. On admet généralement que la règle est autre pour la révocation contenue aux art. 446 et 447 du Code de commerce, et qu'elle produit son effet contre les sous-acquéreurs. Quand l'acte est déclaré nul de plein droit, le droit de propriété n'est en réalité pas sorti du patrimoine du débiteur, la revendication peut donc avoir lieu contre tout acquéreur. Quand l'acte est annulable et que l'annulation est prononcée, c'est alors le cas d'appliquer la règle, *resoluto jure dantis resolvitur jus accipientis.* La loi s'est ici écartée de sa théorie générale ; sans doute pour mieux protéger le commerce. Du reste, peu de sous-acquéreurs seront victimes de la résolution, car le délai entre l'aliénation et l'exercice de l'action sera en général assez court.

SECTION VI.

DES EFFETS DE L'ACTION PAULIENNE.

111. Avant d'examiner en détail les effets de l'action Paulienne, il faut bien se pénétrer du sens qu'a le mot *révocation* dans notre matière. Il ne faut pas entendre cette expression d'une manière absolue, sans réserve et sans restriction. Le but de l'action étant de faire obtenir au créancier la réparation du préjudice qu'il éprouve par suite de l'insolvabilité de son débiteur, on peut dire

qu'elle a pour objet de rétablir fictivement, à l'égard du créancier, le patrimoine de son débiteur dans l'état où il était avant l'acte argué de fraude, de révoquer, en un mot, cet acte de manière à lui enlever les conséquences contraires à l'équité qu'il aurait pour le créancier, s'il était maintenu. Mais c'est là qu'il faut s'arrêter; ce n'est donc que relativement aux créanciers et *dans la limite de leurs droits* qu'il faut entendre le mot *révocation*. S'il s'agit d'une aliénation, par exemple, les créanciers fraudés auront le droit de faire saisir et vendre l'objet aliéné, et de se payer sur le prix; mais si ce prix dépasse le montant de leur créance, c'est au tiers acquéreur qu'il reviendra. On ne peut donc pas dire d'une manière absolue que le bien rentre dans le patrimoine du débiteur.

Une conséquence à tirer de cette idée, c'est que le tiers acquéreur pourra, en indemnisant les créanciers qui ont le droit d'intenter l'action, soustraire l'acte de la révocation.

L'effet principal de l'action révocatoire sera donc de faire considérer comme non avenus, quant aux créanciers, les actes frauduleux de leur débiteur. Quand l'acte frauduleux a eu pour but l'aliénation d'un droit réel, les créanciers qui l'exerceront n'auront donc pas à craindre le concours des créanciers chirographaires du détenteur et seront payés sur la chose aliénée, comme si elle était demeurée dans le patrimoine de leur obligé.

Nous avons toujours jusqu'ici assimilé, au point de vue de l'action révocatoire, le tiers complice de la fraude, et celui qui, de bonne foi, retire un avantage purement gratuit de l'acte frauduleux. Tous deux subissent en effet la révocation ; mais elle a des résultats bien différents pour chacun d'eux, quant aux restitutions qu'elle leur fait opérer. Le tiers complice de la fraude est tenu de réparer tout le préjudice qu'il cause par son fait aux créanciers ; il devra donc, comme un possesseur de mauvaise foi, rendre, sous la déduction des frais de culture, tous les fruits qu'il a perçus avant et après la poursuite des créanciers ; il devra également compte des intérêts des sommes qu'il a reçues, à compter du jour de cette réception (1). Le tiers acquéreur qui n'a pas participé à la fraude sera traité comme le possesseur de bonne foi, et fera les fruits siens jusqu'au jour de la demande.

112. Quant au remboursement des impenses qu'ils ont pu faire sur le fonds, il faut aussi en déterminer le montant pour chacun d'eux, d'après les règles qu'on applique aux possesseurs de bonne ou de mauvaise foi. Tous deux ont droit indistinctement au recouvrement des impenses nécessaires (2). Si des dépenses d'amélioration ont été faites, les créanciers doivent rembourser à l'acquéreur de bonne foi, ou le prix des matériaux et celui de la main-d'œuvre, ou la plus-value qui en est résultée ; à l'égard du complice de la fraude, ils ont l'option ou de garder les ouvrages en payant le prix des matériaux et de la main-d'œuvre, ou d'en demander la suppression et le rétablissement des lieux dans l'ancien état, le tout aux frais du possesseur. Aucune indemnité n'est due pour les dépenses voluptuaires.

113. Les défendeurs à l'action révocatoire qui ont droit à ces remboursements peuvent exercer le droit de

----

(1) Argum. de l'art. 1378 C. Nap.
(2) Argum. des art. 862 et 1381 C. Nap.

rétention à l'égard des créanciers jusqu'à parfait payement (1).

114. Les acquéreurs à titre onéreux qui ont payé leur
prix au débiteur frauduleux peuvent-ils en demander la
restitution aux créanciers? Le droit romain faisait à ce
sujet une distinction équitable ; les deniers payés par
l'acquéreur devaient lui être remboursés, s'ils se trouvaient encore dans le patrimoine du débiteur ; le débiteur
frauduleux les avait-il, au contraire, soustraits ou dissi-
pés, la perte retombait sur l'acquéreur. Nous admettrons,
dans notre droit, ces mêmes solutions, qui ne sont que
la conséquence des principes généraux.

115. Le tiers acquéreur qui a été dépouillé par l'action révocatoire des biens qu'il avait acquis, l'héritier
subséquent qui, par l'annulation de la renonciation, a
été privé de tout ou partie de la succession qu'il avait
acceptée, peuvent-ils exercer un recours contre le débiteur? Nous pensons qu'on doit leur en accorder le droit.
En effet, si les créanciers ont été désintéressés, si les
dettes du débiteur ont été éteintes, c'est avec un bien
qui ne lui appartenait plus, sur lequel il n'avait plus personnellement aucun droit, avec le bien des tiers. Ceux-ci
doivent donc être autorisés à lui réclamer ce qui a servi
à le libérer ; sinon il s'enrichirait à leurs dépens. — Nous
trouvons, du reste, dans l'art. 788, une confirmation
implicite de ce système : il dit que « la révocation n'est
» annulée qu'en faveur des créanciers et jusqu'à concur-
» rence seulement de leurs créances ; *elle ne l'est pas au*
» *profit du débiteur qui a renoncé.* » Qui ne voit que le débiteur profiterait de l'annulation de sa renonciation, si

(1) Argum. des art. 867 et 1948 C. Nap.

ses dettes se trouvaient payées par ce moyen, sans qu'il eût à craindre aucun recours?

Nous donnons donc, en principe, aux défendeurs à l'action révocatoire le droit de réclamer au débiteur ce qu'ils ont été obligés d'abandonner, à moins qu'une règle spéciale de droit ne fasse obstacle à la réclamation.

SECTION VII.

DE LA DURÉE DE L'ACTION RÉVOCATOIRE.

116. Le Code Napoléon n'a fixé aucune limite à la durée de l'action Paulienne. Dès lors, faudra-t-il la ranger au nombre des actions qui sont régies par le droit commun (art. 2262), ou bien devra-t-on la considérer comme une action rescisoire, tombant sous la règle de l'art. 1304, ou bien enfin dira-t-on que le silence du législateur autorise suffisamment à penser qu'il a voulu abandonner le délai à l'appréciation du juge? Chacun de ces systèmes a été défendu. Le dernier (1) est évidemment inadmissible; la loi a dû fixer le délai, et, à défaut de règle spéciale, nous devons trouver la solution de la question dans les principes généraux. Le second doit être également rejeté; l'art. 1304, d'après ses propres termes, n'a en vue que les actions en nullité intentées par les parties contractantes elles-mêmes. Il faut donc, à défaut de disposition spéciale, recourir au principe général des art. 2262 et 2264 (2).

---

(1) Toullier, Duvergier.

(2) Proudhon, Usufruit, n° 2401; M. Zachariæ, t. II, p. 349; 11 juin 1829, Paris.

117. Nous avons renvoyé à cette section l'examen de l'art. 873 du Code de procédure civile qui a restreint la durée ordinaire de notre action. Il décide, en effet, que, si certaines formalités de publicité indiquées par l'art. 872 ont été accomplies, les créanciers ne seront plus, après l'expiration d'une année, recevables à attaquer, par la tierce opposition, le jugement de séparation de biens. Le législateur n'a pas voulu que le régime des biens entre les époux restât trop longtemps dans l'incertitude, et le délai d'un an lui a paru bien suffisant pour que les créanciers puissent voir si les causes de séparation étaient sérieuses et fondées.

Le jugement peut prononcer à la fois sur la séparation de biens et la liquidation des droits de la femme ; le délai d'un an serait-il applicable à cette liquidation ? La jurisprudence de la cour de cassation a beaucoup varié sur ce point. Le système qu'elle a adopté en dernier lieu (1) consiste à rejeter l'application de l'art. 873 à la liquidation. Ce n'est, en effet, que comme accessoire que la liquidation se trouve dans le jugement de séparation, elle pourrait ne pas y être, et alors il serait bien difficile de soutenir que l'art. 873 impose pour ce cas un délai fatal aux créanciers. Du reste, l'incertitude sur la liquidation est bien moins dangereuse que l'incertitude sur le régime matrimonial des époux. Enfin, le délai d'un an, qui peut être suffisant pour contrôler les causes de séparation, ne le serait pas bien souvent pour vérifier une liquidation ; ce qui nécessite des recherches assez longues et oblige à rassembler de nombreux documents (2).

---

(1) Cass., 11 novembre 1835 (Dal., 35, 1, 441).

(2) MM. Troplong, Contr. de mar., t. II, p. 679 ; Zachariæ, t. III, p. 474, note 13 ; Rodière et Pont, t. II, n° 834.

118. Le point de départ du délai de trente ans est le jour de l'acte incriminé, et non pas seulement celui où il est venu à la connaissance des créanciers. Toutefois, s'il avait été tenu caché, nous pensons que la prescription ne pourrait courir que du jour où il a été révélé au public, car il y a encore fraude dans cette dissimulation.

119. L'action révocatoire peut indirectement se trouver éteinte par la prescription de dix ou vingt ans, lorsque l'immeuble aliéné a passé dans les mains d'un tiers acquéreur de bonne foi (1). Le possesseur de bonne foi d'un objet mobilier pourrait aussi repousser les créanciers par la maxime de l'article 2279, puisqu'il peut l'opposer au propriétaire lui-même.

(1) M. Zach., t. II, p. 349; Proudhon, t. IV, n° 2406.

DROIT COMMERCIAL.

———

120. Il peut être souvent très-difficile d'administrer la preuve d'une fraude, dissimulée sous les plus habiles déguisements. La position des créanciers est donc en elle-même assez pénible; mais leurs intérêts seraient tout à fait sacrifiés si la loi ne venait à leur secours en matière de faillite. La faillite, c'est le véritable terrain de la fraude. Les créanciers du commerçant sont souvent trop nombreux pour pouvoir surveiller activement ses démarches; la multitude de transactions, de contrats, d'actes de toute espèce qu'entraînent les opérations commerciales rendent presque impossible un contrôle sévère et protecteur des intérêts des créanciers. A cette position spéciale, il fallait des remèdes spéciaux. Aussi la loi, faisant fléchir les principes que nous venons de voir en matière de fraude, a créé contre elle une série de présomptions, que nous trouvons expliquées dans les articles 446 et 449 du Code de commerce. Ces articles se rattachent à notre matière en ce que leurs dispositions et celles sur l'action révocatoire procèdent d'une même idée, la répression de la fraude du débiteur à l'égard de ses créanciers. Mais nous verrons bientôt que des différences considérables

existent entre la révocation de l'article 1167 et celle des
art. 446 à 449 du Code de commerce, non-seulement
dans les règles qui les régissent, mais encore dans les
effets qu'elles produisent. Cela s'exprime par la protection toute spéciale due aux créanciers dans les faillites.
Voyons en quelques mots l'origine déjà ancienne de ces
dispositions.

121. Un règlement de 1667, spécial à la ville de
Lyon, portait que toutes cessions et transports sur les
effets des faillis seraient nuls s'ils n'étaient pas faits dix
jours au moins avant la faillite publiquement connue. Ce
règlement faisait loi ; car il avait été homologué par arrêt du conseil et enregistré au parlement. L'ordonnance
de 1673 sur le commerce n'en généralisa pas la disposition. L'article 4, titre 2, se borna à reproduire, comme
s'appliquant en matière de faillites, les principes généraux de l'action Paulienne.

Une déclaration du 10 novembre 1702 applique à tout
le royaume, avec quelques modifications extensives, la
règle des nullités contenue dans le règlement de Lyon.
Elle se terminait ainsi : « Toutes cessions et transports
» sur les biens des marchands qui font faillite seront nuls
» et de nulle valeur, s'ils ne sont faits dix jours au moins
» avant la faillite publiquement connue, ainsi que les
» actes et obligations qu'ils passeront par-devant notaires,
» au profit de quelques-uns de leurs créanciers, ou pour
» contracter de nouvelles dettes, ensemble les sentences
» qui seront rendues contre eux, n'acquerront aucune
» hypothèque ni préférence sur les créanciers chirogra-
» phaires, si lesdits actes et obligations ne sont passés,
» et si lesdites sentences ne sont rendues dix jours au
» moins avant la faillite publiquement connue. »

122. Cette déclaration servit de base aux dispositions du Code de 1808 sur les nullités. Ce Code dans son article 447, disait : « Tous actes ou payements faits en » fraude des créanciers sont nuls. » C'était la reproduction assez inutile de l'article 1167. Mais les articles précédents contenaient des exceptions à la règle générale. A la présomption de ce préjudice résultant de la déclaration de faillite, la loi joignait, contre certains actes, une présomption de fraude qui les frappait d'une nullité absolue. Dans d'autres circonstances, la fraude n'était présumée que chez le débiteur, on devait l'établir contre les tiers, les actes attaqués n'étaient alors qu'annulables. Étaient radicalement nuls, sous le Code de 1808, les actes suivants, s'ils étaient faits dans les dix jours précédant l'ouverture de la faillite : 1° la translation à titre gratuit de propriétés immobilières ; 2° les hypothèques et priviléges sur les biens du failli ; 3° les payements pour dettes commerciales non échues. Étaient simplement annulables tous actes ou engagements *pour faits de commerce*.

Les actes faits depuis l'ouverture de la faillite étaient nécessairement nuls relativement à la masse, car le failli était dessaisi de l'administration de ses biens.

123. Ces dispositions du Code de 1808 ont été l'objet de justes critiques. Pourquoi, disait-on, annuler les payements de dettes non échues, quand on maintient les donations d'objets mobiliers ? Pourquoi frapper de nullité les priviléges et hypothèques garantissant une créance qui ne reçoit elle-même aucune atteinte ? Pourquoi distinguer entre les dettes commerciales et non commerciales ? Pourquoi enfin la loi garde-t-elle le silence sur la constitution d'antichrèse et sur le nantissement, actes souvent aussi dommageables à la masse des créanciers que la constitution d'hypothèque ?

124. Ces imperfections ont été corrigées par la loi de 1838 sur les faillites et banqueroutes. Elle fait trois catégories d'actes : 1° ceux qui sont antérieurs à la cessation des payements et aux dix jours qui l'ont précédée : ceux-là sont soumis aux règles de droit commun; 2° les actes faits après le jugement déclaratif : ils sont tous nuls, car le failli est dessaisi de l'administration de ses biens; 3° les actes faits dans lesdits jours qui ont précédé la cessation des payements et depuis cette cessation jusqu'au jugement déclaratif. C'est pour cette dernière catégorie que sont établies des règles spéciales.

125. L'article 446 du Code de commerce déclare nul et sans effet, relativement à la masse, lorsqu'ils auront été faits par le débiteur, depuis l'époque déterminée par le tribunal, comme étant celle de la cessation de ses payements, ou dans les dix jours qui auront précédé cette époque :

1° Tous actes translatifs de propriétés *mobilières* ou *immobilières* à titre gratuit;

2° Tous payements soit en espèces, soit par transport, vente, compensation ou autrement pour dettes *non échues*, et pour dettes échues, tous payements faits *autrement qu'en espèces et effets de commerce;*

3° Toute hypothèque conventionnelle ou judiciaire et tous droits d'antichrèse et de nantissement constitués sur les biens du débiteur, *pour dettes antérieurement contractées.*

Ces présomptions de fraude n'admettent pas la preuve contraire. Tous les actes que nous venons d'énumérer, faits à une époque où le débiteur ne pouvait ignorer l'état de ses affaires, sont en effet très-suspects et en même temps très-dommageables.

126. Un second ordre de nullités se trouve indiqué dans l'art. 447. Il s'applique aux actes à titre onéreux faits depuis la cessation des payements. La loi les présume frauduleux de la part du débiteur, mais elle veut que la complicité du tiers soit prouvée par les demandeurs en nullité. Du reste, cette complicité résultera du simple fait que les tiers avaient *connaissance du mauvais état des affaires du débiteur.* Ce qu'il faut encore remarquer c'est que, la preuve de la faude fût-elle faite, les tribunaux ne seront pas forcés d'annuler l'acte. Ils ont, en cette matière, la plus grande latitude.

127. L'art. 448 contient une disposition remarquable. Il permet d'inscrire jusqu'au jour du jugement déclaratif les droits d'hypothèque et de privilége valablement acquis, mais il décide que les inscriptions pourront être annulées lorsqu'elles auront été prises après la cessation des payements, et qu'il se sera écoulé plus de quinze jours entre l'acte constitutif du privilége ou de l'hypothèque et l'inscription.

Cette disposition a pour but de prévenir une fraude assez fréquente. Les débiteurs s'entendent, en effet, assez souvent avec les créanciers à qui ils donnent hypothèque, pour que ces garanties soient tenues secrètes jusqu'au jour du danger, et que leur crédit ne souffre ainsi aucune atteinte. Le créancier qui met plus de quinze jours à prendre inscription est soupçonné par la loi de commettre ce genre de fraude. Toutefois, comme ce retard peut avoir une cause très-légitime, toute faculté d'appréciation est laissée aux juges.

128. Une disposition spéciale à la lettre de change et

au billlet à ordre se trouve dans l'article 449. C'est une modification du principe qui soumet au rapport les sommes payées depuis la cessation des payements, lorsque celui-ci qui les a reçus connaissait le mauvais état des affaires du débiteur.

Le porteur d'une lettre de change, fût-il dans ce cas, ne peut, quand le payement lui est offert, ni le refuser ni faire un protêt; si on l'obligeait plus tard à rapporter ce qu'il a reçu, il aurait, par la faute de la loi, perdu tout recours contre ses garants. On a donc décidé qu'il ne pourrait être inquiété, et que ce recours s'exercerait contre celui pour le compte duquel la lettre de change avait été fournie ou contre le premier endosseur du billet à ordre, à charge de prouver qu'ils connaissaient la cessation des payements lors de l'émission du titre.

POSITIONS.

DROIT ROMAIN.

1. Le § 6 du titre *De actionibus*, aux Institutes, s'occupe d'une action Paulienne réelle, et non, comme le dit Doneau, d'une action hypothécaire accordée aux créanciers pour faire révoquer les aliénations faites par le débiteur postérieurement à l'envoi en possession.

2. Si le débiteur, dans l'intention de frauder ses créanciers, a payé une dette civile ou naturelle échue, et que le payement soit antérieur à la *missio in bona*, le créancier payé ne saurait être poursuivi en vertu de l'action Paulienne.

3. La loi 25, § 4 (*Quæ in fr. cred.*), et la loi 10, § 20 (*eod. tit.*), se concilient en ce sens que la dernière s'occupe des possesseurs de mauvaise foi, et la première des possesseurs de bonne foi.

4. Le droit d'agir par l'action Paulienne ne commençait que du jour de la vente des biens du débiteur : c'était à partir de ce moment que courait la prescription de l'action.

5. Au temps de la jurisprudence classique, le possesseur de bonne foi n'était point tenu de rendre les fruits

non consommés qu'il avait perçus avant la *litis contestatio.*

DROIT FRANÇAIS.

1. L'intention frauduleuse, chez le débiteur, est une condition générale et essentielle de la révocation des actes, même à titre gratuit.

2. L'action révocatoire est tantôt personnelle, tantôt réelle.

3. La renonciation à l'usufruit légal ne peut être révoquée quand elle est la conséquence de l'émancipation.

4. Quand les défendeurs à l'action révocatoire renvoient les créanciers à la discussion des biens de leur débiteur, ils ne seront pas soumis, en principe, aux obligations imposées par l'art. 2023 à la caution.

5. On doit, au point de vue de l'action révocatoire, considérer la constitution de dot comme un contrat à titre gratuit, à l'égard de la femme.

6. L'action révocatoire ne peut être dirigée contre les sous-acquéreurs de bonne foi.

7. Les créanciers qui avaient le droit d'intenter l'action révocatoire sont les seuls qui puissent profiter de la révocation obtenue.

8. Les défendeurs à l'action révocatoire qui ont succombé ont, en principe, un recours contre le débiteur pour tout ce qui a servi à désintéresser les créanciers.

9. En principe, la prescription de l'action révocatoire s'opère par le délai de trente ans.

10. Les créanciers hypothécaires ne sont pas représentés par le débiteur dans les instances relatives aux biens hypothéqués.

DROIT CRIMINEL.

1. Il peut y avoir crime de faux, même quand l'acte altéré se trouve nul soit à raison d'un vice de forme, soit à cause de l'incapacité relative de la personne dont la signature est supposée.

2. Le tribunal d'appel, saisi sur l'appel *a minima* du ministère public, peut acquitter le prévenu, quoiqu'il n'ait pas appelé du jugement qui l'a condamné.

3. La simple tentative d'avortement commise par un tiers n'est pas punissable comme l'avortement consommé.

DROIT DES GENS.

1. Les navires marchands neutres convoyés par un ou par plusieurs bâtiments de guerre de leur nation sont exempts de toute visite; il suffit que l'officier militaire commandant le convoi déclare verbalement que les navires marchands, naviguant sous son escorte et sous sa protection, n'ont à bord aucune contrebande de guerre destinée à l'ennemi.

2. Les crimes ou les délits *communs* commis à bord des navires en pleine mer, tombent sous le coup de la loi et des juridictions de l'État auquel appartient le navire, qu'il soit de guerre ou de commerce, et alors même que le navire entrerait dans le port d'un pays auquel appartiennent les personnes impliquées dans les faits commis en pleine mer.

3. Les navires de commerce, en pleine mer, sont considérés en tout temps et en tout lieu comme la continuation du territoire auquel ils appartiennent ; mais lorsqu'ils se trouvent dans les eaux territoriales d'un État étranger, ce principe est soumis à des restrictions.

Vu par le Président de la thèse,
ORTOLAN.

Vu par le Doyen de la Faculté,
C. A. PELLAT.

Permis d'imprimer :
Pour le Vice-Recteur, l'Inspecteur de l'Académie,
A. DANTON.

Paris.— Imprimé par E. Thunot et Cⁱᵉ, 26, rue Racine.